上海市职业教育"十四五"规划教材

世界技能大赛项目转化系列教材

车身修理

Autobody Repair

主 编◎沈小毓

副主编◎曾国祥 马 波

上海教育出版社

SHANGHAI EDUCATIONAL
PUBLISHING HOUSE

世界技能大赛项目转化系列教材
编委会

主　任：毛丽娟　张　岚

副主任：马建超　杨武星　纪明泽　孙兴旺

委　员：（以姓氏笔画为序）

马　骏　卞建鸿　朱建柳　沈　勤　张伟罡

陈　斌　林明晖　周　健　周卫民　赵　坚

徐　辉　唐红梅　黄　蕾　谭移民

序

世界技能大赛是世界上规模最大、影响力最为广泛的国际性职业技能竞赛，它由世界技能组织主办，以促进世界范围的技能发展为宗旨，代表职业技能发展的世界先进水平，被誉为"世界技能奥林匹克"。随着各国对技能人才的高度重视和赛事影响不断扩大，世界技能大赛的参赛人数、参赛国和地区数量、比赛项目等都逐届增加，特别是进入21世纪以来，增幅更加明显，到第45届世界技能大赛赛项已增加到六大领域56个项目。目前，世界技能大赛已成为世界各国和地区展示职业技能水平、交流技能训练经验、开展职业教育与培训合作的重要国际平台。

习近平总书记对全国职业教育工作作出重要指示，强调加快构建现代职业教育体系，培养更多高素质技术技能人才、能工巧匠、大国工匠。技能是强国之基、立国之本。为了贯彻落实习近平总书记对职业教育工作的重要指示精神，大力弘扬工匠精神，加快培养高素质技术技能人才，上海市教育委员会、上海市人力资源和社会保障局经过研究决定，选取移动机器人等13个世赛项目，组建校企联合编写团队，编写体现世赛先进理念和要求的教材（以下简称"世赛转化教材"），作为职业院校专业教学的拓展或补充教材。

世赛转化教材是上海职业教育主动对接国际先进水平的重要举措，是落实"岗课赛证"综合育人、以赛促教、以赛促学的有益探索。上海市教育委员会教学研究室成立了世赛转化教材研究团队，由谭移民老师负责教材总体设计和协调工作，在教材编写理念、转化路径、教材结构和呈现形式等方面，努力创新，较好体现了世赛转化教材应有的特点。世赛转化教材编写过程中，各编写组遵循以下两条原则。

原则一，借鉴世赛先进理念，融入世赛先进标准。一项大型赛事，特别是世界技能大赛这样的国际性赛事，无疑有许多先进的东西值得学习借鉴。把世赛项目转化为教材，不是简单照搬世赛的内容，而是要结合我国行业发展和职业院校教学实际，合理吸收，更好地服务于技术技能型人才培养。梳理、分析世界技能大赛相关赛项技术文件，弄清楚哪些是值得学习借鉴的，哪些是可以转化到教材中的，这是世赛转化教材编写的前提。每个世赛项目都体现出较强的综合性，且反映了真实工作情景中的典型任务要求，注重考查参赛选手运用知识解决实际问题的综合职业能力和必备的职业素养，其中相关技能标准、规范具有广泛的代表性和先进性。世赛转化教材编写团队在这方面都做了大量的前期工作，梳理出符合我国国情、值得职业院校学生学习借鉴的内容，以此作为世赛转化教材编写的重要依据。

原则二，遵循职业教育教学规律，体现技能形成特点。教材是师生开展教学活动的主要参考材料，教材内容体系与内容组织方式要符合教学规律。每个世赛项目有一套完整的比赛文件，它是按比赛要求与流程制定的，其设置的模块和任务不适合照搬到教材中。为了便于学生学习和掌握，在教材转化过程中，须按照职业院校专业教学规律，特别是技能形成的规律与特点，对梳理出来的世赛先进技能标准与规范进行分解，形成一个从易到难、从简单到综合的结构化技能阶梯，即职业技能的"学程化"。然后根据技能学习的需要，选取必需的理论知识，设计典型情景任务，让学生在完成任务的过程中做中学。

编写世赛转化教材也是上海职业教育积极推进"三教"改革的一次有益尝试。教材是落实立德树人、弘扬工匠精神、实现技术技能型人才培养目标的重要载体，教材改革是当前职业教育改革的重点领域，各编写组以世赛转化教材编写为契机，遵循职业教育教材改革规律，在职业教育教材编写理念、内容体系、单元结构和呈现形式等方面，进行了有益探索，主要体现在以下几方面。

1. 强化教材育人功能

在将世赛技能标准与规范转化为教材的过程中，坚持以习近平新时代中国特色社会主义思想为指导，牢牢把准教材的政治立场、政治方向，把握正确的价值导向。教材编写需要选取大量的素材，如典型任务与案例、材料与设备、软件与平台，以及与之相关的资讯、图片、视频等，选取教材素材时，坚定"四个自信"，明确规定各教材编写组，要从相关行业企业中选取典型的鲜活素材，体现我国新发展阶段经济社会高质量发展的成果，并结合具体内容，弘扬精益求精的工匠精神和劳模精神，有机融入中华优秀传统文化的元素。

2. 突出以学为中心的教材结构设计

教材编写理念决定教材编写的思路、结构的设计和内容的组织方式。为了让教材更符合职业院校学生的特点，我们提出了"学为中心、任务引领"的总体编写理念，以典型情景任务为载体，根据学生完成任务的过程设计学习过程，根据学习过程设计教材的单元结构，在教材中搭建起学习活动的基本框架。为此，研究团队将世赛转化教材的单元结构设计为情景任务、思路与方法、活动、总结评价、拓展学习、思考与练习等几个部分，体现学生在任务引领下的学习过程与规律。为了使教材更符合职业院校学生的学习特点，在内容的呈现方式和教材版式等方面也尝试一些创新。

3. 体现教材内容的综合性

世赛转化教材不同于一般专业教材按某一学科或某一课程编写教材的思路，而是注重教材内容的跨课程、跨学科、跨专业的统整。每本世赛转化教材都体现了相应赛项的综合任务要求，突出学生在真实情景中运用专业知识解决实际问题的综合职业能力，既有对操作技能的高标准，也有对职业素养的高要求。世赛转化教材的编写为职业院校开设专业综合课程、综合实训，以及编写相应教材提供参考。

4. 注重启发学生思考与创新

教材不仅应呈现学生要学的专业知识与技能，好的教材还要能启发学生思考，激发学生创新思维。学会做事、学会思考、学会创新是职业教育始终坚持的目

3

标。在世赛转化教材中,新设了"思路与方法"栏目,针对要完成的任务设计阶梯式问题,提供分析问题的角度、方法及思路,运用理论知识,引导学生学会思考与分析,以便将来面对新任务时有能力确定工作思路与方法;还在教材版面设计中设置留白处,结合学习的内容,设计"提示""想一想"等栏目,起点拨、引导作用,让学生在阅读教材的过程中,带着问题学习,在做中思考;设计"拓展学习"栏目,让学生学会举一反三,尝试迁移与创新,满足不同层次学生的学习需要。

世赛转化教材体现的是世赛先进技能标准与规范,且有很强的综合性,职业院校可在完成主要专业课程的教学后,在专业综合实训或岗位实践的教学中,使用这些教材,作为专业教学的拓展和补充,以提高人才培养质量,也可作为相关行业职工技能培训教材。

编委会

2022 年 5 月

前　言

一、世界技能大赛车身修理项目简介

车身修理项目是世界技能大赛运输与物流类下设的比赛项目之一,随着汽车技术的不断普及和发展,车身修理的相关比赛可以追溯到世界技能大赛初创时期。我国从 2013 年开始派选手参加车身修理项目比赛,并且在第 44、45 届大赛上连续夺得该项目的金牌。车身修理项目是根据车身的损伤情况制订修理方案,并且按照技术要求重新修复车辆的竞赛项目。

根据 2019 年在俄罗斯喀山举行的第 45 届世界技能大赛车身修理项目的比赛方案,该项目共有 4 个比赛日计 22 小时的比赛时间,包含 6 个比赛模块,分别是诊断与校正、结构件更换、非结构件更换、钢制板件修复、铝制板件修复以及塑料件修复。车身修理项目是根据车身真实的损伤情况,考查选手损伤诊断、切割、焊接及装配等多方面能力,并且选手还需根据修复的顺序合理安排比赛时间。具体来说,项目要求选手通过车身测量系统诊断车身前部结构损伤情况,对轻微损伤进行拉拔校正修复,对严重损伤的部件进行更换。随着汽车车身结构的不断改良和革新,比赛还加入了对车身后侧围等覆盖件的整体更换,铝制车身板件的修复等内容,比赛项目内容范围广泛、技术细节深入。此外,选手还需要运用英文和裁判沟通在修复过程中遇到的各种异常状况,妥善处理并且最终修复车辆至完全达到制造商的修复要求。

车身修理项目主要考核选手对技能的综合运用能力和对修复工艺程序的安排能力,同时对选手的安全防护、职业素养、技术规范等方面的能力都有相应的评分指标。这不仅体现出了世界技能大赛比赛项目的真实性,也体现出了国际上对技能人才综合能力考查的趋势。这对于中国技术技能人才的培养和专业教学方式的改革都有重要的指导意义。

二、教材转化路径

从世赛项目到教材的转化主要遵循两条原则:一是教材编写依据世赛的职业技能

标准和评价要求，确定教材的内容和每个模块的学习目标，充分体现教材与世界先进标准的对接，突出教材的先进性和综合性；二是教材编写符合学生学习特点和教学规律，从易到难，从单一到综合，确定教材的内容体系，构建起有利于教与学的教材结构，把世赛的标准、规范融入具体学习任务之中。

根据世界技能大赛的比赛项目，并结合车身修理专业的教学实际，本项目组确定了健康安全环境（HSE）防护、车身诊断与校正、结构件更换、非结构件更换、金属件整形修复五个模块的教学内容，既能满足世赛训练的需求，又能符合车身修理专业教学的要求。在每个任务中，构建了一个完整的车身修理工作场景，模拟学生从一名刚接触车身修理工作的初学者，到经过一系列课程学习后成长为一名能独自进行车身维修的技术人员。"思路与方法"部分引导学生一步一步思考：需要修什么？修复的原理是什么？什么情况下修复，什么情况下更换？修复的时候需要用什么工具？帮助学生搭建起思维的支架，从而解决实际工作中真实出现的问题。在"活动"部分，学生可以学习到具体的操作方法，包括方法、步骤和注意事项等，帮助学生举一反三，更好地学习车身修复技术技能。最后，通过世赛评分表转换而成学习评价表，按照世界技能大赛的标准对完成任务的情况进行考核。在"拓展学习"部分，学生可学习一些新知识、新技术、新方法等，也可学习一些世赛项目相关知识与技能。思考题部分既有知识性的题目，也有综合训练类型的题目，帮助学生更好地检验学习效果，提升车身修理的技能水平。

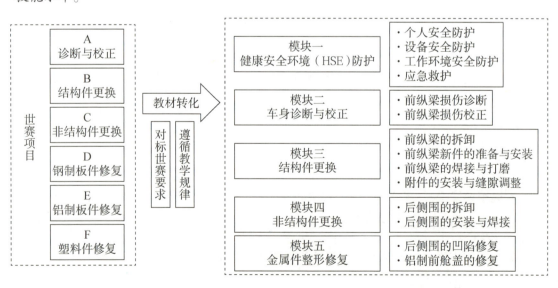

车身修理项目教材转化路径图

目　录

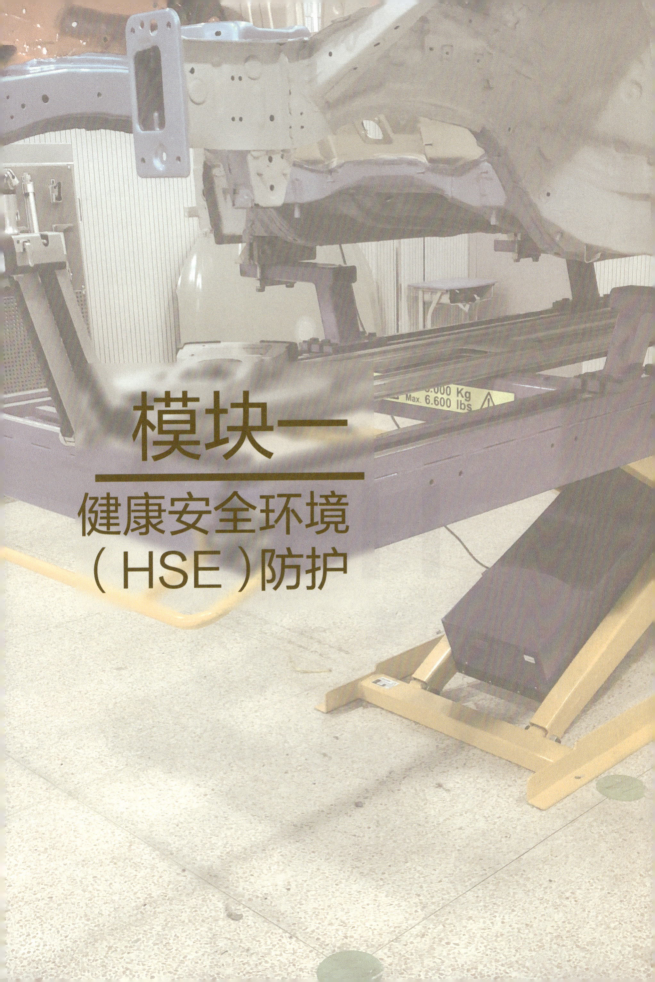

模块一

健康安全环境（HSE）防护

健康安全环境（HSE）［H 为健康（Health）、S 为安全（Safety）、E 为环境（Environment）］防护是车身修理安全作业的前提与保障，是国际生产制造业通行的安全生产准则，在世界技能大赛车身修理项目中是重要的评分项。

　　本模块融合了世界技能大赛中健康、安全与环境法规要求的内容，主要分为四个部分，分别是个人安全防护、设备安全防护、工作环境防护和应急救护。主要介绍车身修理过程中需要注意的安全事项，工作环境中的用电、用气安全，如何规范地穿戴个人防护用品，在工作全过程中设备的使用安全，以及需要遵循的法律和法规要求，保证工作者的健康和生命安全。

图 1-0-1　健康安全环境（HSE）防护

任务 1　个人安全防护

学习目标

1. 能识记车身修理过程中的安全防护用品的名称、穿戴方法与作用。
2. 能根据不同的工作任务选择相应的个人防护用品。
3. 能按规范要求穿戴安全防护用品。
4. 能在发现安全隐患后及时处理。
5. 逐步养成良好的安全意识，注意自身安全防护，并保护他人。

情景任务

作为一名车身修理专业的学生，第一次进入工作场地，看到各种设备，你可能会感到欣喜、好奇。但你要做的不是立即进行维修作业，而是需要进行安全作业方面的准备。首先就是要进行个人安全防护，针对不同的工作任务应该正确选择所要穿戴的安全防护用品，不同的防护用品的穿戴要求也各不相同。作为一名车身修理专业的学生，应该规范地穿戴好防护用品，才能保护自身的安全。

查一查

写出焊接作业时可能要穿戴的安全防护用品。

思路与方法

个人防护用品对于预防事故、减少职业伤害十分重要。在操作过程中，个人防护用品主要用于保护作业人员安全，避免因接触化学腐蚀、焊接弧光辐射、电动设备及机械设备等而引起严重的工伤或疾病。那么我们要如何进行个人防护呢？

一、哪些身体部位需要重点防护？

头部是我们最重要的器官之一，在进行修理操作时要戴上工作帽，防止灰尘或油污的污染，保持头发的清洁。在车下作业或者进行拉伸校正操作时要戴安全防撞帽，防止碰伤头部。眼睛也是修理过程中需要防护的重点部位，在进行锤击、钻孔、磨削和切削等操作时，佩戴防护眼镜能保护眼部。

讨论

你还知道哪些头部的防护用品？

3

想一想

哪些工作的过程中,可以不用戴安全防撞帽?

除了头部和眼睛的防护,在一些其他修复的过程中,如门板修复会产生噪声,就需要佩戴耳塞对耳部进行防护,而在焊接时由于强弧光、高热量的产生,就需要佩戴专用的变光面罩,对我们的面部进行必要的防护。

图 1-1-1 安全防撞帽

图 1-1-2 变光面罩

二、哪些情况会引起呼吸系统伤害?

车身修理的过程中,由于打磨会产生粉尘,长期工作在具有粉尘或有毒气体的环境下,若没有使用合适的防护用品,会对人体呼吸系统造成伤害。肺部器官及组织的伤害通常是很严重且无法复原的,尘埃越微细,越容易进入支气管末端,杀伤力越大。所以对于从事车身修理的工作人员来说,一定要佩戴好口罩来进行呼吸防护,从而保护呼吸系统。

图 1-1-3 KN90 工业防尘口罩

想一想

打磨的过程中,右面的防护口罩可以使用吗?能不能保护我们的呼吸系统?

防护口罩通过覆盖使用者的口、鼻及下巴部位,形成一个和脸密闭的空间,使空气得到过滤。

口罩本体通常用防颗粒物的过滤材料制成,靠头带或耳带固定,人脸鼻处的密封通常借助金属鼻夹帮助塑造,有些还在口罩内的鼻夹部位增加密封垫。

由于口罩没有可以更换的部件,所以失效后需要整体废弃,也称随弃式口罩,或免保养口罩。

三、安全防护用品的选择依据是什么?

安全防护用品首先要根据所从事的修复工作正确选择,还要在使用之前对其进行检验。检查产品是否满足有关质量要求,产品的规格及技术性能是否与作业的防护要求吻合;若出现破损,应立刻停止使用。

安全防撞帽在使用过程中会逐渐损坏,所以要定期检查,检查有没有龟裂、下凹、裂痕和磨损等情况,发现异常现象要立即更换,不能再继续使用。任何受过重击、有裂痕的安全帽,均应报废。

防护眼镜若出现镜片磨损粗糙、镜架损坏的现象,会影响操作人员的视力和防护效果,应及时更换。

防护手套在使用前，应检查表面有无裂痕、发黏、发脆等缺陷，如有异常，应停止使用。对于电焊作业时戴的焊工手套，应检查皮革或帆布表面有无僵硬、薄档、洞眼等残缺现象，如有缺陷，应停止使用。

图 1-1-5 焊接防护手套　　　图 1-1-4 防护眼镜

 活动

想一想

操作电阻点焊机和气体保护焊机佩戴的手套能不能通用？

一、工作场景与防护用品选择

工作场景中不同身体部位的防护用品选择见表 1-1-1。

图 1-1-6 门板修复安全防护

表 1-1-1 不同工作场景中的防护用品选择

身体部位 工作场景	头部	眼睛及面部	耳朵	呼吸系统	身体及躯干	脚	手
车身测量	安全防撞帽				工作服	安全鞋	劳保手套
车身焊接	安全防护帽	焊接头盔		口罩	焊接围裙	安全鞋/焊接脚套	焊接手套/袖套
保险杠拆装	安全防护帽				工作服	安全鞋	劳保手套
门板修复	安全防护帽	护目镜	耳塞	口罩	工作服	安全鞋	劳保手套

找一找

图 1-1-6 中在进行门板修复的同学，安全防护用品是否穿戴齐全？

注意事项

安全防护用品的穿戴一项都不能少。

二、安全防护用品的穿戴

耳塞：

练一练

耳塞的佩戴。

1. 洗净双手，将耳塞圆头部分搓细。

2. 将耳朵向上向外拉起，将耳塞的圆头部分塞入耳中。

3. 轻按耳塞 30 秒至耳塞完全膨胀定型。

图 1-1-7　耳塞的佩戴

注意事项

耳塞可以洗净后多次使用，避免浪费。

口罩：

1. 用手托住口罩，使鼻夹位于指尖，让头带自然下垂。

2. 使鼻夹朝上，用口罩托住下巴。

3. 将下头带拉过头顶，放在颈后耳朵以下的位置。

4. 将上头带拉过头顶，放在脑后较高的位置。

5. 将双手指尖放在金属鼻夹顶部，一边向内按压，一边向两侧移动，塑造鼻梁形状。

练一练

口罩的佩戴。

6. 检查佩戴气密性，即双手捂住口鼻快速呼气或吸气，应感觉口罩略微有鼓起或塌陷。若感觉有气体从鼻梁处泄漏，应重新调整鼻夹；若感觉气体从口罩两侧泄漏，应进一步调整头带位置。

提示

口罩佩戴后一定不能忘记检查气密性。

图 1-1-8　口罩的佩戴

三、安全防护用品的防护部位

1. 呼吸系统防护。
2. 头部防护。
3. 身体及躯干防护。
4. 眼睛及面部防护。
5. 手部防护。

图 1-1-9　安全防护用品的防护部位

想一想

为什么要最后进行手部防护？

 **总结评价**

1. 依据世赛的评分规则，本任务评分标准见表 1-1-2。

表 1-1-2　任务评价表

序号	评价项目	评分标准	分值	得分
1	个人防护用品选择	在给出的四个工作场景中选择防护用品，防护用品选择正确，且能说出正确的名称得满分，每错一个扣 5 分	30	
2	防护用品穿戴	正确穿戴所有防护用品，穿戴错误或不到位每个扣 5 分	20	
3	防护用品穿戴顺序选择	防护用品穿戴顺序正确，顺序错误不得分	20	
4	防护用品的使用前检查	在穿戴前检查所选择的防护用品，未检查每个扣 5 分，检查不规范不得分	10	
5	防护用品的穿戴速度	2 分钟以内穿戴完毕所有的防护用品，并且穿戴规范符合要求得满分，超出时间的酌情扣分	20	

2. 对评分表中的失分项目进行分析，并写出失误原因。

_____

_____

_____

 拓展学习

想一想

除油剂会在哪些操作中使用？

运用化学品的防护方法

在车身修理的过程中，如若安全防护不到位，极易受到一些伤害，而其中最严重的伤害就来自危险化学品。危险化学品属于有机溶剂，应避免与皮肤直接接触，需要佩戴耐溶剂手套。车身修理过程中常见的危险化学品主要有除油剂和锌喷剂两种。

1. 除油剂使用不当的处理方法

皮肤接触：脱去污染的衣物，用流动清水冲洗。

眼睛接触：提起眼睑，用流动清水或生理盐水冲洗，及时就医。

吸入蒸气：迅速离开现场至空气新鲜处，保持呼吸道通畅。如呼吸困难，立即就医。

误食：严禁催吐（因为挥发性的液体呕吐时容易吸入肺部，导致吸入性肺炎或化学性肺炎），饮足量温水、牛奶或豆浆，立即就医。

2. 锌喷剂使用不当的处理方法

讨论

车身修理过程中还可能遇到哪些危险化学品？

如果出现锌喷剂不慎接触到皮肤的情况，操作人员必须立即用肥皂水来清洗皮肤；如果出现了锌喷剂不慎喷入眼睛，必须用大量的清水来冲洗，冲洗的时间要保证在 15 分钟以上；如果出现呼吸困难，需要立即将操作人员转移到空气新鲜的地方，必要时对该操作人员进行呼吸急救。

 思考与练习

1. 说出门板修复后个人防护用品保养的注意要点。

2. 尝试将某品牌口罩的滤芯进行更换，并检查气密性。

3. 技能训练：在进行车身门板拆卸修复的过程中，你需要进行哪些操作？这些操作分别要穿戴哪些安全防护用品？

4. 案例分析：张某某按照组长的安排，开动砂轮机加工工件。因感觉加工的难度较大，于是请师傅陈某某到现场指导，张某某站在陈某某右侧听其讲解。陈某某使用锉刀（外缠纱布）抛光工件斜坡度时，人体突然趴在砂轮机上，120 急救车到现场后，医生发现陈某某左臂严重受伤。请分析该事故发生的原因，应该如何避免。

任务 2　设备安全防护

 学习目标

1. 能根据作业前检查设备的要求，排除危险状况。
2. 能根据要求在作业前对手动工具、电动工具、气动工具进行安全检查。
3. 能根据要求对气体保护焊机、车身校正平台进行安全检查。
4. 能根据要求做好车身校正平台使用前的安全准备。
5. 能在完成工作后保证工具设备完好，逐步养成严谨细致的工匠精神。

 情景任务

　　在学习完个人安全防护之后，你已经可以进入工作场地开始准备车身修理的工作了。车身修理需要用到很多设备，比如在门板修复时需要用到车身整形修复机，在焊接时需要用到电阻点焊机、气体保护焊机，这些设备在使用前要进行安全检查，在确保安全的前提下，才能开始修复操作。

 思路与方法

　　汽车车身修理技术人员在工作中经常需要使用到各式各样的工具与设备，如果工具与设备在使用中出现损毁或者引发事故，就可能对我们的身体造成伤害。因此我们需要明确在工作前如何选用和检查工具与设备，工作中如何安全使用工具与设备，工作后如何保养工具与设备。

一、哪些工具和设备需要检查安全性？

　　车身修理中常用的工具主要分为三类，分别是手动工具、电动工具和气动工具。这些工具和设备在使用前都要进行安全性检查。

图 1-2-1　扳手

想一想

你还能列举出哪几种常用的手动工具？

9

手动工具是我们在修复过程中最常用的,例如扳手主要用来紧固和拆卸零部件,錾子是可以通过凿、刻、旋、削加工材料的工具,具有短金属杆,在一端有锐刃。

在车身修理的工作中焊接设备主要使用的是交流电源,使用过程中要格外注意,防止触电事故的发生。例如气体保护焊机具有焊接质量高、操作简便、适用范围广等优点,在车身修理作业中广泛使用,但气体保护焊机使用的是 380 V 电源,所以使用时一定要注意安全,防止触电。

和电动工具相比,气动工具使用压缩空气驱动工具进行运转,安全性就要高得多。气动锯、气动钻、打磨机等都是便捷灵活的气动工具,可以大大提高工作安全度。

想一想

你还能列举出哪几种常用的电动工具?

想一想

你还能列举出哪几种常用的气动工具?

图 1-2-2　錾子

图 1-2-3　气体保护焊机

图 1-2-4　打磨机

图 1-2-5　电动钻

二、修复工作所用的工具可能会引起哪些安全事故?

在车身修理的过程中,由于操作不当可能会引起的安全事故主要有触电事故、挤压伤事故、烧(烫)伤事故和机械伤害事故。手动工具在使用过程中连接部分脱落、锤子等工具使用不当可能会造成挤压伤事故,像锯子这类工具,反复摩擦做功,热量传至板件可能会引发烫伤事故。电动工具的使用过程中是最容易引发安全事故的,电线漏电不仅会引发触电事故,还有可能造成火灾;大型工具操作不当,卷入衣服或手套会引发挤压伤事故,像电动锯、电动钻等工具使用不当还会造成切伤、割伤这样的机械伤害事故。和电动工具相比,气动工具的使用相对比较安全,但是在使用前如果没有对工具进行正确的检查,可能会导致使用过程中高速旋转的打磨头、锯片飞出造成机械伤害事故。

下面按照事故类型,对手动工具、电动工具和气动工具发生事故的频率进行划分,绿色表示基本不会发生,黄色表示发生的概率不大,红色表示容易发生。

表 1-2-1　不同工具发生事故的频率

	手动工具	电动工具	气动工具
触电事故			
挤压伤事故			
烧（烫）伤事故			
机械伤害事故			

想一想

哪类工具的使用相对比较安全？

三、修复工作所用工具的检查要求是什么？

不同种类的工具设备均有它们独特的设计，以满足工作的需要。工具设备选用不正确可能会导致意外发生，作业前应做好检查。

1. 作业前对手动工具的检查

（1）检查手动工具的清洁度。布满润滑脂、机油的手动工具容易从手中滑脱，造成安全事故。

（2）检查锤头与锤柄的连接是否牢固，稍有松动就应立即加楔紧固或重新更换锤柄。

（3）检查锉刀是否安装了手柄，若未安装手柄，锉刀的尾尖有可能扎伤手及手腕或身体的其他部位。检查锉刀齿上是否有未清除的屑末，防止使用时打滑受伤。

想一想

如果遇到损坏的手动工具应该怎么处理？

（4）检查扳手的沟槽内是否有污垢，若有污垢会造成扳手使用时打滑。

（5）检查錾子的刀刃是否有缺口，若有缺口使用时可能会出现崩裂。

2. 作业前对电动工具设备的检查

（1）检查铭牌。查看所选用的工具型号及技术性能是否满足工作内容需要。

（2）检查外壳、手柄是否完好无损。

（3）检查导线是否完好无损。

（4）检查外壳接地、接零保护线连接是否正确。

（5）检查接线插头是否完好，爪数是否正确，开关是否灵活、有无异常。

（6）检查漏电保护器反应是否灵敏。

（7）检查机械转动部分是否灵活、无障碍，保护装置是否完好。

3. 作业前对气动工具设备的检查

（1）检查铭牌。明确工具的最大允许气压和最大允许运转速度。

（2）检查气动三联件（空气过滤器、减压阀和油雾器）的气压表。

（3）检查三联件的过滤器内是否有污水与杂质，若有，应及时排水排污（一般为1次/周）。

（4）检查空气软管及接头处有无漏气或松动。

（5）检查气动工具本身及其附件是否连接可靠，以防高速运转时损坏或伤人。

活动

气体保护焊机的安全检查

一、开始作业前的安全检查

练一练

焊机的开机准备。

1. 检查铭牌。

2. 查看所选用的焊机型号及技术性能是否满足工作内容需要。

3. 检查外壳、手柄是否完好无损。

4. 检查导线是否完好无损，外壳接地、接零保护线连接是否正确。

5. 检查接线插头是否完好，爪数是否正确，开关是否灵活、有无异常。

图1-2-6　焊机作业前检查

> **注意事项**
>
> 　　焊机插头为航空插头，检查完好之后插上插头时要留意是否到位。

想一想

为什么要先夹搭铁再拿焊枪？

二、进行作业中的安全检查

1. 焊接时要先夹搭铁再拿焊枪。

2. 焊枪在使用过程中不能随意放置。

3. 焊枪的线束在使用时要捋顺。

图 1-2-7　焊机作业中检查

注意事项

如果焊枪的线束没有捋顺可能会导致焊丝戳破线束。

三、作业结束后的安全检查

1. 将焊枪归位，检查外壳、手柄是否完好无损。
2. 检查导线是否完好无损，外壳接地、接零保护线连接是否正确。
3. 检查接线插头是否完好，最后将插头拔出断电。

想一想

搭铁和焊枪应该放在哪里？

图 1-2-8　焊机作业后检查

总结评价

1. 依据世赛的评分规则，本任务评分标准见表 1-2-2。

表 1-2-2　任务评价表

序号	评价项目	评分标准	分值	得分
1	选用工具与设备	在给定的工作场景中，选需要用到的工具，并说出所用工具和设备的名称，全部正确得满分，每错一项扣 5 分	25	

（续表）

序号	评价项目	评分标准	分值	得分
2	作业前检查	在焊接修复的操作中，对气体保护焊机进行作业前检查，按要求检查工具与设备得满分；漏检错检，每次扣10分，扣完为止	25	
3	作业中检查	按规定正确使用工具与设备，并做好工具与设备及时归位；没有做好归位，每次扣5分；操作违规，每次扣10分，扣完为止	25	
4	作业后检查	进行工具与设备的保养维护，并做好5S工作；未按要求进行工具与设备维护，每项错误扣5分；未做好5S工作，每项错误扣5分	25	

2. 对评分表中的失分项目进行分析，并写出失误原因。

_____

_____

_____

 拓展学习

已经学过了焊机的检查使用与维护，那么同样是车身修理经常使用到的工具，你们可以尝试一下车身校正平台的检查使用与维护吗？

想一想

测量时要穿戴哪些防护用品？

一、开始作业前

检查铭牌、夹具是否安装正确牢固，控制面板是否完好无损，线束是否完整。检查_____是否完好无损，_____是否漏气。检查外壳接地、接零保护线连接是否正确。检查_____是否齐全。

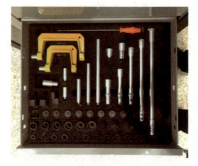

图 1-2-9　车身校正作业前检查

二、进行作业中

按照_____进行测量软件设置，安装_____并激活。按照软件要求并选择正确的_____与_____进行点位测量。安装辅助支撑2号与_____完成作业，拆卸辅助支撑2号与拉塔并安装辅助支撑3号。完成测量点位后，打印测量报告。

三、作业结束后

将所有配件_____，检查所有配件是否_____。检查测量划尺电池电量是否充足。测量平台升降机构是否_____。检查接线插头是否完好，将打印机与电脑关机，最后将插头_____。

提示

5S是车身修理技术人员职业素养的重要部分，完成作业后需牢记5S工作。

图 1-2-10　车身校正作业中检查

图 1-2-11　车身校正作业后检查

1. 除了以上提到的工具与设备，还有哪些其他工具与设备在修理中经常使用到？

2. 你在进行焊接修复之前检查电阻点焊机，发现按下开机键后电阻点焊机没有反应，那么这可能是什么故障？你会排除吗？

3. 你在进行气体保护焊接修复时，在焊接的过程中发现焊机出丝不稳，你要如何检查气体保护焊机进而排除故障？

4. 案例分析：某汽修技工学校的实训室内，学员们正在进行门板修复的操作。小王向邻近工位的小李借一块楔形垫铁，小李拿起垫铁后随手就抛给了小王，小王接住后继续修复作业。实训指导教师发现后，立刻中止了两位学员的操作，对其进行严肃的批评和教育。试分析：这样的行为可能会造成什么危险后果？

任务 3　工作环境安全防护

学习目标

1. 能识别车身修理工作场所各种安全标志。
2. 能正确使用灭火器。
3. 能根据要求妥善处理车身修理过程中产生的废弃物。
4. 养成工作中防火安全意识，逐步养成一丝不苟的工匠精神。

情景任务

想一想

车身修理工作场地有哪些不同的工作区域？分别配备了哪些设备？

　　前两个任务学习了个人安全防护和设备安全防护，那么进行车身修理工作时，还需要对工作环境进行必要的检查防护，需要熟悉作业场所布置，识别各种安全标志，并正确使用灭火器等消防设备和处理废料、危化品等，营造一个安全整洁的工作环境。

思路与方法

　　车身修理的过程存在危险，进入工作场地首先应该识别安全标志，还应该布置好工位，修复作业时保证做好废料的规范处理。那么如何才能保证好工作环境的安全呢？

想一想

工位上的用电设备要如何进行检查？

一、作业场所环境安全防护需要做些什么？

　　作业场所环境是指劳动者从事生产劳动的作业场所内各种构成要素的总和。进入作业场所后首先你要确定环境总体安全，如果有地面湿滑、电线裸露、气管漏气等现象，这样的作业场所是不适合工作的。在确认作业场所总体安全后，你可以进入工位，进入工位后要确认工位上是否配备有灭火器以及危险化学品的垃圾桶，因为在车身修理的过程中一旦操作不慎就会引发火灾，所以配备灭火器显得尤为重要。

二、与作业环境相关的常见安全事故有哪些？是如何引起的？

事故是发生于预期之外的造成人身伤害或经济损失的事件。在车身修理的过程中可能会发生以下几种常见的事故。

1. 车辆伤害事故

车身修理工作发生的车辆伤害事故通常是由于车况不良、视线不良和管理因素造成的。当进行维修的车辆常见安全装置，如转向装置、制动机构、喇叭、照明、后视镜和转向指示灯等不齐全时都会因车况不良造成事故的发生。车间通常通道狭窄，致使驾驶员在驾车行驶中盲区较多，往往不能及时发现判断，缺乏足够的缓冲空间，进而导致事故。非驾驶员驾车是汽车维修工作中最常出现的管理漏洞，由于企业安全管理不到位，处理不严，可能因为管理因素造成事故的发生。

2. 机械伤害事故

机械伤害主要是指机械设备运动（静止）部件、工具、加工件直接与人体接触引起的夹击、碰撞、剪切、卷入、绞、碾、割、刺等形式的伤害。各类转动机械的外露传动部分（如齿轮、轴、履带等）和往复运动部分都有可能对人体造成机械伤害。

3. 触电事故

在车身修理的过程中设备或线路故障状态下，原本正常情况下不带电的设备外露可导电部分或设备以外的可导电部分变成了带电状态，人体与上述故障状态下带电的可导电部分触及而受到电击。

4. 火灾事故

车身修理工作中的焊接作业会产生明火，同时车间中有各种易燃物品，因此火灾是各类危险事故中的高发事故。在作业场所里易燃的固体、液体、气体都有可能引发火灾事故。

5. 中毒和窒息事故

车身修理工作中不可避免地会接触到汽油、汽车尾气、油漆等有害气体及化工品，若在通风条件差或相对密闭的环境中长时间吸入，会导致中毒和窒息事故。

三、作业场所有哪些安全标志？

根据国家标准规定，用以表示、表达特定的安全信息、意思的图形和符号，叫安全标志。车身修理作业场所里的安全标志分为禁止标志、警告标志、指令标志和提示标志四类。

想一想

还有可能发生哪些安全事故？

想一想

在接触旋转的机械设备时能戴手套吗？

1. 禁止标志　　带斜杠的圆环。其中圆环与斜杠相连，用红色；黑色图形符号，白色背景。表示不准或制止人们的某些行为。

2. 警告标志　　黑色的正三角形。黑色图形符号，黄色背景。表示警告人们可能发生的危险。

3. 指令标志　　圆形。白色图形符号，蓝色背景。表示必须遵守图示里的指令。

4. 提示标志　　方形。白色图形符号及文字，绿、红色背景。表示示意目标的方向。

四、安全用电有什么要求？

1. 不要靠近断裂或摇晃的电线。

2. 为防止触电，千万不要用湿手接触任何电气设备。

3. 拔下插头时，不要拉电线，而应当拉插头本身。

4. 不要让电缆通过潮湿或浸有油的地方，不通过炽热的表面或者尖角附近。

5. 在开关、配电盘或马达等设施附近不要使用易燃物，因为它们容易产生电火花。

6. 定期检查电流安全保护装置和接地故障（漏电）安全保护装置。

想一想

哪些工作需要用到电动工具？

五、使用压缩空气有什么要求？

压缩空气，即被外力压缩的空气。空气具有可压缩性，经空气压缩机做机械功使本身体积缩小、压力提高后的空气叫压缩空气。压缩空气是一种重要的动力源。与其他能源相比，它具有下列明显的特点：清晰透明，输送方便，没有特殊的有害性能，没有起火危险，不怕超负荷，能在许多不利环境下工作。在使用压缩空气驱动工具时，有以下要求：

1. 使用工具时，不要超过工具设备的压力极限，否则会造成工具设备的损伤，或是人员、物品的损伤。

2. 用压缩空气进行清洁时，压力值保持在 0.6 MPa 以下。在清洁车门、立柱等难以达到的位置时，要佩戴护目镜和防尘口罩。

3. 不要使用压缩空气来清洁衣物。不能直接对着皮肤吹，即使是压力较低的情况下，压缩空气也可能使灰尘嵌入皮肤。

想一想

哪些工作需要用到气动工具？

 活动

活动一：正确使用灭火器

一、检查工作场地

车身修理的工作场所一般都要配备水龙头、灭火器、灭火沙等灭火器材。

图 1-3-1 灭火器

二、判断火灾类型

1. 水只能用于普通易燃物造成的火灾，不能用于扑灭易燃液体、电气设备和易燃金属造成的火灾。

> **注意事项**
>
> 水可以用于扑灭木材、纸等造成的火灾。

2. 多用途的干粉灭火器可以用于扑灭易燃物、易燃液体和电气火灾。确保灭火器使用完毕后立即清洁残余物，这样喷洒表面才不会被损坏。

> **注意事项**
>
> 干粉灭火器不能用在具有一定深度的溶化的油脂和机油上。

想一想

工作场所里的灭火器配备的密度有要求吗?

三、灭火器的使用

1. 站在距火源 2~3m 的地方,拉下手柄上的保险销。

2. 牢牢握住灭火器,将喷嘴对准火焰的根部。

3. 挤压手柄,将灭火剂喷入火焰中。

4. 灭火器应定期检查,定期重新加注灭火剂。

5. 灭火器要摆放在车间的固定位置,并要有明显的标志。

拔出保险销　　将喷嘴对准火源根部　　按下压把喷射灭火

图 1-3-2　灭火器的使用方法

活动二:危化品及废料处理

一、废弃物种类的判断

　　按废弃物性质可分为危险废弃物、一般废弃物,而一般废弃物又可以分为可利用废弃物和不可利用废弃物。

想一想

工作场所里有哪些危险废弃物?

注意事项

　　危险废弃物存放后要贴上专用标签。

二、可利用废弃物的处理

1. 废油和废液必须分类存放于密闭的容器中。

2. 废金属、橡胶、玻璃、塑料必须整齐堆放在通风良好的废料仓库。

3. 废电池应保存在干燥、通风良好、能避免阳光直射与热源辐射的房间内,室温全日在 5~30 ℃范围内,并且不得重叠堆放。

危险废物

图 1-3-3　警示标志　图 1-3-4　废弃物

注意事项

可利用废弃物由有专业资质的物资回收部门定期收购。

三、不可利用废弃物的处理

1. 沾满油污或溶剂的抹布、纸巾、手套等是最可能自燃的材料，所以不能随意弃置在车间内，应该集中收集。

2. 不可利用废弃物不准随意丢弃、乱放，应集中到指定垃圾桶内，垃圾桶定期清运。

四、危险废弃物的处理

图 1-3-5　危险化学品

1. 危险废弃物具有腐蚀性、毒性、易燃性、反应性、感染性等一种或几种危险特性。

2. 常用的处理方法仍可归纳为物理处理、化学处理、生物处理、热处理和固化处理。

3. 各种处理方法都有其优缺点及对不同废弃物的适用性，由于各危险废弃物所含成分、性质不同很难有统一的处理模式，针对各废弃物的特性可选用适用性强的处理方法。

总结评价

1. 依据世赛的评分规则，本任务评分标准见表 1-3-1。

表 1-3-1　任务评价表

序号	评价项目	评分标准	分值	得分
1	安全标志的识读	说出 30 个安全标志的含义，每错一个扣 1 分	30	
2	电、气的使用要求	说出全部 9 条电、气的使用要求得满分，每错一个扣 2 分，扣完为止	10	
3	灭火器的使用	在给定的场景中判断火灾类型，判断火灾类型正确，并正确选用相应灭火器得 10 分，能按规范使用灭火器得 10 分，否则不得分	20	

想一想

你所在的工作场地，有哪些不到位的环境安全防护问题？

21

（续表）

序号	评价项目	评分标准	分值	得分
4	废料处理	在给出的废弃物中判断废弃物的类型，判断正确得 10 分；说出对应废弃物的处理要求，全部正确得 10 分	20	
5	危险化学品处理	在给出的废弃物中，正确识别危险化学品得 10 分；说出常用的处理方法，全部正确得 10 分	20	

2. 对评分表中的失分项目进行分析，并写出失误原因。

 拓展学习

车身修理过程中易燃易爆物品的储存

易燃易爆化学品，是以燃烧爆炸为主要特性的压缩气体、液化气体、易燃液体、易燃固体、自燃物品和遇湿易燃物品、氧化剂和有机过氧化物以及毒害品、腐蚀品中部分易燃易爆化学物品。在车身修理的过程中，也会用到很多易燃易爆化学品，比如锌喷剂、香蕉水等。已经学过了工作环境的安全防护，那么对于易燃易爆化学品要如何存储呢？

讨论

易燃易爆物品储存不当会怎么样？

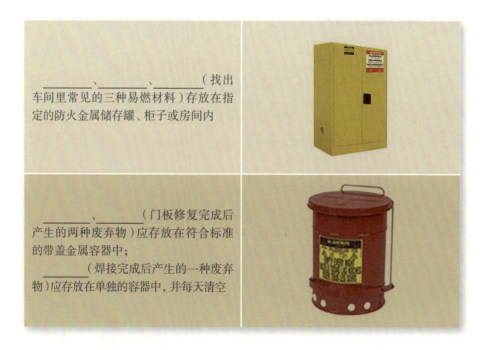

_____、_____、_____（找出车间里常见的三种易燃材料）存放在指定的防火金属储存罐、柜子或房间内

_____、_____（门板修复完成后产生的两种废弃物）应存放在符合标准的带盖金属容器中；_____（焊接完成后产生的一种废弃物）应存放在单独的容器中，并每天清空

注意事项

开盖使用过的化学物品或易燃液体的容器应牢牢盖紧。

思考与练习

1. 找出下列图片里的安全隐患。

2. 技能训练：根据你目前所了解到的工作流程，给定一个相当面积的房间，尝试布置一个合适的工作区域。

3. 案例分析：北京市朝阳区某汽车修理厂的李姓修理工在地沟内修理小型客车时触电倒地，经抢救无效死亡。事发时，李姓修理工正在进行焊接作业。他使用的电焊机一次侧交流额定电压为 380 V/220 V，电焊机焊把线有破损处，且无出厂铭牌。想一想应该如何避免这类安全事故的发生。

任务 4 应急救护

 学习目标

1. 能判断危险事故的类型。
2. 能根据危险事故的类型选择急救方法。
3. 能归纳说明车身修理过程中常见危险事故的发生原因及应对措施。
4. 能使用止血带、三角巾等急救物品进行应急救护。
5. 在工作中逐步养成严谨细致、一丝不苟的工匠精神。

 情景任务

讨论

发生事故后，我们当然应该在第一时间拨打急救电话请求救助。在救护人员到来之前，我们应该怎么做？

虽然我们已经学习了工作环境、个人以及工具设备的安全防护，但是在车身修理的过程之中难免会遇到突发事故。这个时候你就需要掌握一定的救护常识，进行应急救护，同时你还要了解急救的类型，以及发生事故的原因，掌握好一些简单的急救措施，才能开始进行应急救护。

 思路与方法

事故是发生于预期之外的造成人身伤害或经济损失的事件。那么在事故发生之后我们要如何救护？哪种类型的事故是可以自救的？哪种事故需要等待专业人员救护？

一、常见应急救护有哪几种？

1. 人工呼吸

凡是触电、溺水、缺氧、二氧化碳及一氧化碳中毒，都可进行人工呼吸。人工呼吸常用的有三种：口对口呼吸法、俯卧压背法、仰卧压胸法。进行人工呼吸前首先将患者抬到较温暖的有新鲜风流的巷道中，解开衣扣，脱掉鞋袜，取出口、鼻中的堵塞物，检查内外伤的情况后，再确定人工呼吸的方法。

练一练

胸外按压的手势。

2. 胸外按压

胸外按压与口对口呼吸法配合，对抢救触电者效果很好。首先将触电者置仰卧位置，然后再进行胸外按压。

3. 止血

任何外伤都有出血可能，成人的血量约为 4000~5000 mL，出血超过 1000 mL 时，就有生命危险。因此，事故现场应及时对伤员有效地止血。

4. 包扎

有外伤的伤员经过止血后，要立即用急救包、纱布、绷带或毛巾包扎起来。及时正确地包扎可以起到止血效果，保持伤口清洁，避免细菌感染，减少伤员痛苦的作用。

5. 骨折临时固定

骨折临时固定的原则是先止血并包扎伤口，然后再做骨折固定。对明显外伤畸形的伤肢，只做大体上纠正，固定时要注意防止伤口感染和断骨刺伤血管、神经，以免加重伤势。

二、事故发生的主要原因是什么？

1. 人的不安全行为

例如存在麻痹侥幸心理，工作蛮干，发生了安全事故；不正确佩戴或使用安全防护用品等。

2. 物的不安全状态

例如机械、电气设备"带病"作业；机械、电气等设备在设计上不科学，形成安全隐患；防护、保险、警示等装置缺乏或有缺陷等。

3. 管理上的缺陷

例如有些管理者在思想上对安全工作的重要性认识不足，将其视为可有可无，日常以麻木的心态和消极的行为对待安全工作，安全法律责任意识极为淡薄等。

4. 环境上的原因

生产作业环境中，湿度、温度、照明、振动、噪声、粉尘、有毒有害物质等会影响人在工作中的情绪；恶劣的作业环境还会导致职业性伤害。

三、如何处理突发事故？

1. 触电事故

触电事故发生后，严重电击引起肌肉痉挛，触电者有可能从线路上或带电的设备上摔落，但最多的是被"吸附"在带电体上。因此触电急救首先是使触电者脱离电源。

当发现有人触电时，可立即拉开或拔出插头，断开电源。触电者脱离电源后，应尽量在现场抢救。在救护人员到来之前，要根据情况及时进行心肺复苏救治。

2. 挤压伤事故

挤压伤是由挤压造成的直接损伤。遭受挤压后，通常受压的肌肉组织会大量变性、坏死、组织间隙渗出、水肿，表现为局部肿胀、感觉麻木、运动障碍。应尽快解除事故现场中压迫的重物，解除压迫后，立即采取伤肢制动。对于肢体肿胀严重者，注意外固定的松紧度。在转运过程中，应减少肢体活动，不管有无骨折都要用夹板固定。

3. 烧烫伤事故

遇到烧烫伤事故，应首先对创面降温，立即用凉水冲洗半小时左右，至脱离冷水后疼痛减轻。对烫伤创面不是太大、太深的，可在创面冲洗后，拭干，迅速涂抹专业烫伤软膏，以防感染。如果烫伤面积较大且深，应在创面经凉水冲洗后，用干净的床单或敷料包裹保护创面，送往医院救治。如烫伤较为严重，衣服和表皮粘连，可用剪刀剪开衣服，慢慢脱掉，防止蹭掉皮肤，然后送医救治。

活动

四肢严重出血的应急救护

图 1-4-1　止血带

止血带止血是用于四肢大出血急救时简单、有效的止血方法，它通过压迫血管阻断血行来达到止血目的。但如果使用不当或使用时间过长，止血带可造成远端肢体缺血、坏死，造成残废。为此，只有在出血猛烈，用其他方法不能止血时才能应用止血带。

1. 绑扎位置应在伤口的上方（近心端），并尽量靠近伤口，以上臂的上三分之一和大腿上中部为好。

2. 小腿和前臂不能上止血带，因该处有两根骨头，血管正好走在两骨之间，上止血带起不到压迫血管的作用。

3. 上臂的中三分之一部位也不能上止血带，因它可能引起神经损伤而致手臂瘫痪。

4. 选定止血带的部位后，应先在该处垫好布条，把止血带拉紧，缠肢体两周打结，松紧要适宜，以观察伤口不出血为度。

讨论

什么情况下可能会出现四肢大出血的事故？

> **注意事项**
>
> 对大出血病人，应在上止血带的同时，尽快送医院治疗。

5. 上止血带要记好时间，冬天每隔半小时、夏天每隔 1 小时要放松 1~2 分钟，然后再绑起来。再绑时部位要上、下略加移动。

练一练

止血带的使用。

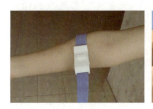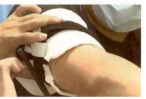

图 1-4-2　止血带包扎方法

 总结评价

1. 依据世赛的评分规则，本任务评分标准见表 1-4-1。

表 1-4-1　任务评价表

序号	评价项目	评分标准	分值	得分
1	分析事故原因	根据事故的类型，判断事故发生可能的原因及应该采取的急救办法，分析有误扣 10 分，采用急救办法有误扣 10 分	20	
2	急救用品的选用	根据四肢严重出血的事故，选择正确的急救用品，选择急救用品错误扣 10 分，理由错误扣 10 分	20	
3	止血位置的选择	判断受伤部位，受伤位置判断错误扣 10 分，止血位置选择错误扣 10 分	20	
4	止血带使用时间	能按照正确的使用时间，正确地放松，然后再绑起来，否则扣 10 分，位置选择错误扣 10 分	20	
5	止血带包扎	能按照正确的流程进行止血包扎，否则不得分	20	

2. 对评分表中的失分项目进行分析，并写出失误原因。

_____

_____

_____

 拓展学习

已经学过了使用止血带包扎伤口，你能举一反三使用三角巾来尝试伤口的包扎吗？

三角巾是一种便捷好用的包扎材料，同时还可作为固定夹板、敷料

和代替止血带使用，而且还适合对肩部、胸部、腹股沟部和臀部等不易包扎的部位进行固定。使用三角巾的目的是保护伤口，减少感染，压迫止血，固定骨折，减少疼痛。

1. 先把三角巾急救包的封皮撕开，然后打开三角巾，将其中的消毒敷料盖在伤口上，进行包扎。

2. 普通头部包扎：先将三角巾底边折叠，把三角巾底边放于前额拉到脑后，相交后先打一半结，再绕至前额打结。风帽式头部包扎：将三角巾顶角和底边中央各打一结成风帽状；顶角放于额前，底边结放在后脑勺下方，包住头部，两角往面部拉紧向外反折包绕下颌。

讨论

哪些事故的急救可能用到三角巾？

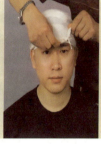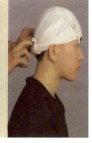

图 1-4-3　三角巾包扎头部

图 1-4-4　三角巾包扎面部

3. 普通面部包扎：将三角巾顶角打一结，适当位置剪孔（眼、鼻处）；打结处放于头顶处，三角巾罩于面部，剪孔处正好露出眼、鼻；三角巾左右两角拉到颈后在前面打结。

图 1-4-5　三角巾包扎胸部

4. 普通胸部包扎：将三角巾顶角向上，贴于局部，如系左胸受伤，顶角放在右肩上，底边扯到背后在后面打结；再将左角拉到肩部与顶角打结。背部包扎与胸部包扎相同，唯位置相反，结打于胸部。

思考与练习

1. 在车身修理的过程中，伤害事故通常是由于设备状况不良、工作环境不佳和管理疏漏造成的。请分别找出三类事故的事例。

2. 机械伤害主要指机械设备运动（静止）部件、工具、加工件直接与人体接触引起的夹击、碰撞、剪切、卷入、绞、碾、割、刺等形式的伤害。请同学们思考如何避免此类伤害事故的发生。

3. 技能训练：练习使用三角巾包扎头部伤口。

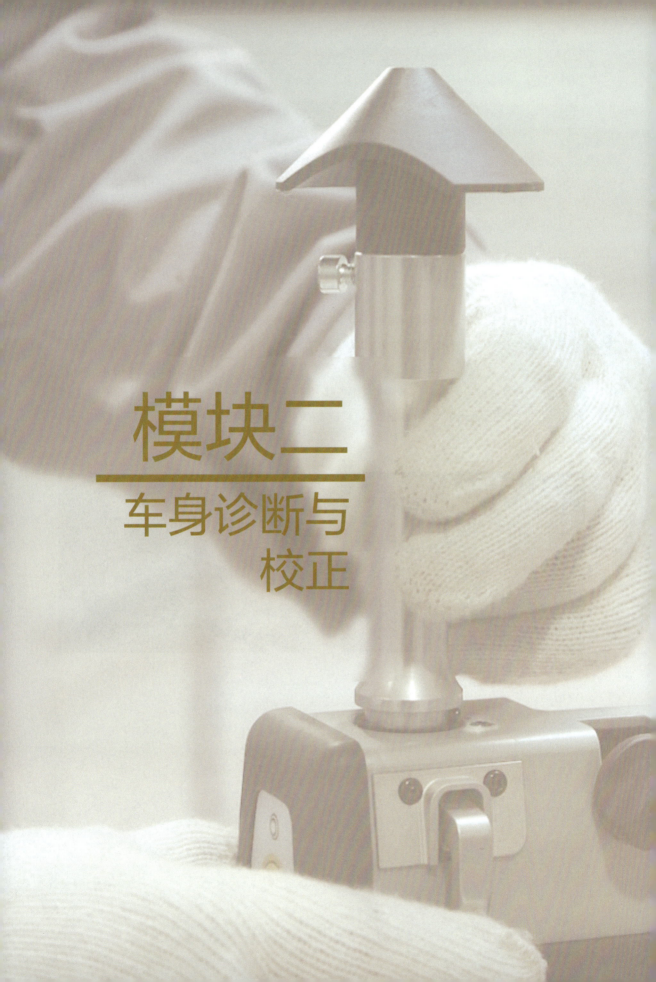

模块二

车身诊断与校正

车身诊断与校正主要是使用电子测量设备或机械测量设备对受损车辆车身上的测量点进行测量诊断，并校正变形的前纵梁等结构件。

本模块融合了世界技能大赛车身修理项目中"车身诊断与校正"模块的内容，共涉及两个典型任务，分别是车身受损部位的测量诊断、受损部位的拉伸校正。主要介绍车架碰撞损伤类型判断、测量工具设备的使用、受损部位的测量诊断、前纵梁的校正。

图 2-0-1　车身测量诊断

图 2-0-2　车身损伤部位校正

任务 1　前纵梁损伤诊断

 学习目标

1. 能正确使用电子测量系统完成受损车辆的维修诊断工单建立。
2. 能正确使用电子测量系统完成受损车辆基准点标定。
3. 能正确使用测量设备完成车辆各损伤点测量，与原厂数据进行比对，确定偏差量。
4. 逐步养成严谨细致、一丝不苟、精益求精的工匠精神。

 情景任务

在汽车维修车间里停放了一辆因碰撞而受损的车辆，需要进行维修前的诊断，经过初步观察判断，车辆的前纵梁已经发生了变形。接下来，请你对受损车辆进行全面的测量诊断，为下一步的校正维修作业提供依据。

 思路与方法

汽车事故中有各种各样的碰撞，因受到车速、行驶方向、冲撞位置、冲撞位置的构造（强弱）等因素影响，产生不同程度的损坏。如果只是依靠目视或手摸，则容易诊断不准确。所以，在进行受损车辆的诊断前，你需要知道车辆的损伤碰撞形式，理解测量诊断的必要性，知晓测量诊断需要哪些工具设备。

查一查

有什么工具设备能够完成对受损车辆的测量？

一、车辆损伤碰撞形式有哪些？

1. 车辆与建筑的墙壁、围墙的冲撞（等分布受力）

此类冲撞，因冲撞面积宽大（受压面积大）、单位面积承受的冲击力小，故损伤程度比较轻。

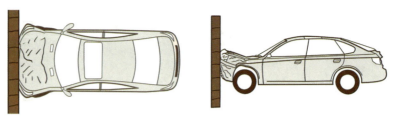

图 2-1-1　撞墙

2. 车辆与立柱、电线杆的冲撞（集中受力）

因冲撞面积狭小（受压面积小），单位面积承受的冲击力就变大，故而造成相对深的损伤。根据车辆的相对速度、行进方向、冲撞位置等不同，会有不同的损伤。

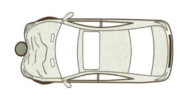

图 2-1-2　撞电线杆

想一想

如图 2-1-3 所示的两辆车，若其中一车的行驶速度慢，另一车行驶速度过快，哪辆车受损更严重？

3. 车辆正面冲撞 1——完全正面冲撞（中心对向冲撞）

车辆车头部分全面碰撞、冲撞受压面大，与撞墙造成的损伤有相似性。

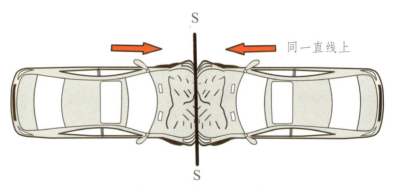

图 2-1-3　前面 100% 重叠

讨论

完全正面冲撞和偏心对向冲撞哪个对车辆造成的损伤更大？

4. 车辆正面冲撞 2——偏心对向冲撞（倾斜型变形）

同样正面冲撞中的偏心冲撞，因冲撞受压面积变小，从受压面积的关系得知损伤会变大。

但是，因有偏心，所以冲击力的方向脱离了两车相互间的重心位置，也有使车子产生旋转避开的功效。

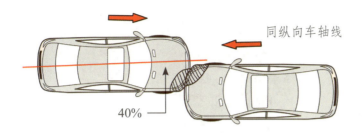

图 2-1-4　前面 40% 重叠

5. 追尾

　　两台车的相对速度决定冲击力大小。FF（前置前驱）车，因为后部没有驱动系统作必要的支撑，与 FR（前置后驱）车相比，后部的强度低，即使同样冲击力的场合，被追尾车后部的损伤要比追尾车前部的损伤大。

想一想

FF（前置前驱）和 FR（前置后驱）的车辆在车身结构上有何差异？

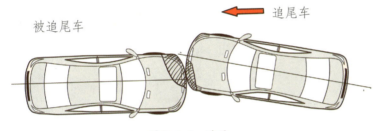

图 2-1-5　追尾

6. 侧面冲撞 1——与对向侧面冲撞（香蕉型变形）

　　从旁边向着被冲撞车的重心撞过来的场合，被冲撞车弯曲变形为香蕉型。因为车子没有旋转逃避的运动，损伤相对较大。

讨论

如何避免冲撞事故？

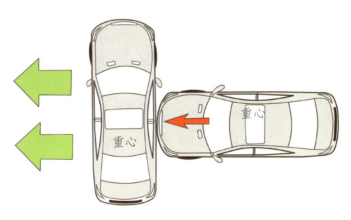

图 2-1-6　侧面冲撞

7. 侧面冲撞 2——与偏心侧面冲撞（转头型变形）

同样是从旁边的冲撞，但是避开了重心的场合，因为以重心为轴旋转而卸力，因此损伤变小。

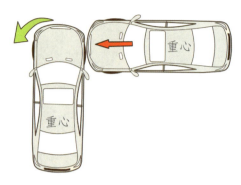

图 2-1-7　侧面冲撞（偏心）

8. 多重冲撞

撞球式冲撞、冒头式冲撞，第一次冲撞后发生了第 2 次、第 3 次的冲撞。

这种场合，初次（第 1 次）冲撞导致的损伤最大，所以使车子损伤而吸收了能量，第 2 次、第 3 次和后面的冲撞时损伤变小。

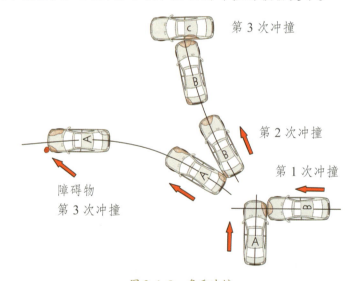

图 2-1-8　多重冲撞

想一想

如图 2-1-8 所示的多重冲撞中，车辆可能产生冲撞变形的部位有哪些？

讨论

承载式和非承载式的车身测量有什么区别？

二、为什么受损的车辆在修复前必须进行测量？

在事故车辆的结构性损伤恢复修理时，如果仅依靠目视或配合实物来修整外观，有时修理完成后并不能保证安全、舒适的行驶性能。例如，支撑车辆的悬架直接安装在车体上，如果这些安装尺寸得不到正确修理，则无法实施正确的车轮定位，在行驶中会发生方向盘跑偏、轮胎偏磨等问题。立柱各部的错误修理也会影响外板间隙，造成车门等部件的开闭不良，形成轻微声响和漏水等问题。

因此，车辆结构部位受损的车辆为了预先防止此类故障，在修复时充分确保车体精度非常重要。

不同的汽车制造生产厂商对生产的所有车辆按不同车型均有严格的尺寸技术规范要求，在维修手册中均能查询了解。作业时，在目视无法充分掌握损伤程度时，应利用测量设备将损伤测量为便于判别的数值，掌握损伤程度，实施准确的修复作业。

三、测量设备工具有哪些类型与使用方法？

1. 卷尺

使用卷尺测量孔端间尺寸的场合、端部的钩挂部位，如果能预先进行加工后再进行测量（如图2-1-9所示），就容易挂入孔的内部，这样测量可以减少测量误差。

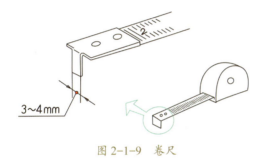

图2-1-9　卷尺

卷尺测量的注意事项：

（1）不能产生扭曲、弯曲等。

（2）确保压住测定点。必要时两人作业，防止前端钩挂部位的偏差、掉落。

（3）要考虑卷尺前端钩挂部位的形状引起的误差。

2. 轨道式量规

如果需要测量的两点间有障碍物，一般方法是用轨道式量规。轨道式量规使用方法上没有特别的困难，但是在测量孔间距的尺寸变化时，应注意以下操作事项。

量规测量的注意事项：

（1）测量头要精准贴合，放在车身测量点位上。

（2）测量杆长度选择滑尺与平台呈$45°$角。

（3）测量点上有不平整的地方会产生数值偏差。

练一练

请列举出某一任意汽车品牌的车身尺寸数据查询的途径：
1. _____。
2. _____。
3. _____。
4. _____。

提示

测量部位以及损伤范围根据事故车的损伤状态而发生变化。如果轻度事故车测量过多的部位，会浪费人力和时间；如果损伤较大的事故车测量部位不足，会造成错误判断损伤范围而不能正确修复。

练一练

卷尺的端部钩挂的加工制作。

想一想

轨道式量规如何校正归零？

图 2-1-10　轨道式量规　　　图 2-1-11　电子三维测量系统

想一想

三维尺寸和二维尺寸有什么区别？

3. 电子三维测量系统

我们现在生活的空间就是三维空间，具有长、宽、高三个维度。而三维测量设备，就是测量损伤部位三个维度上的数据，直观地反映变形情况，并指导车身维修技师做出相应处理。

电子三维测量系统可以精确地将损伤部位的三维数据测量出来，指导车身维修技师进行拉伸作业。其配有测量滑尺和测量长尺等主要部件。测量滑尺是电子三维测量系统的重要组成部分，采用接触测量的方式，负责对车身结构损伤进行诊断，并根据诊断结果，辅助车身维修技师进行校正。

练一练

测量头的组装。

4. 机械式测量设备

机械式测量系统是通过夹具钳来进行测量的，具有多种测量头（基本为底盘车体设计），例如图 2-1-12 中的 A 部，前悬挂梁安装螺栓的位置确认；B 部，测量前支柱罩的位置、高度的安装等。

想一想

使用机械式测量设备如何提高测量结构件的尺寸精度？

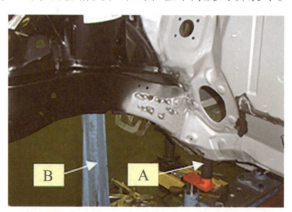

图 2-1-12　机械式测量设备

四、车身测量有哪些主要任务？

1. 损伤诊断

车身维修前测量的主要目的是确认车身损伤状况和把握变形程度，为技术诊断提供可靠的依据。它不仅有助于对变形做出正确的技术诊断，同时也为合理地制定维修方案提供了依据。如果是单一构件变形时，可以通过更换或修复构件来解决；属于关联部件变形时，可从变形较大的构件入手，逐一进行矫正和修复；而对于车身的整体变形，则应以基础构件为基准，对整体定位参数值进行校对和恢复性修理。

2. 尺寸检测

尺寸检测是车身维修作业过程中的检查测量，主要目的是使车身维修技术人员能对车身维修过程的质量进行有效的控制。对车身的矫正或更换主要构件，都需要通过测量来保证其相关的形状尺寸精度和位置准确度；在车身维修过程中不断测量车身定位参数值所处于的状态，可以判定修复作业是否循序渐进地在质量控制之下。

3. 尺寸复核

尺寸复核是车身维修竣工后的检查测量，主要是为后续的竣工验收和质量评估提供可靠的数据。

车身修复后测量的主要任务是复核检查，以检验车身修复竣工后的技术状况参数是否符合标准或达到预定的修复目标。其中，有时还要包括对前轮定位角、轴距、侧滑等参数的检查测量。如果仅以目测检查为手段检验，车身维修的内在质量难以控制，只有用车身的测量数据来进行分析、验证，才能更好地保证车身维修的质量要求。

车辆测量诊断

一、使用测量系统建立新工单

启动电子测量系统，进入初始界面中，点击创建新工单，根据实际情况输入学生姓名或学号。

二、选择汽车制造厂商和车身数据

根据维修车辆的实际信息，在汽车制造厂商目录界面中，选择对应的车型和车身数据。

讨论

电子测量相较于机械测量有哪些优点？

注意事项

车型选择错误将无法进行下一步操作。

想一想

发动机拆卸或
安装会对测量
有什么影响？

三、选择车辆状态和发动机拆卸状态

当车辆为白车身时选择"在夹具上"，当车辆为整车时选择"在车轮上"；根据车辆发动机是否拆卸选择"发动机安装 / 发动机拆卸"。

图 2-1-13　选择车辆状态和发动机拆卸状态

> **注意事项**
>
> 发动机拆卸和不拆卸，测量的数据标准差别很大。

四、启动测量滑尺

将滑尺电池放入电池卡槽中，按住测量滑尺上的测量按钮启动滑尺。

图 2-1-14　安装电池并启动

五、激活测量滑尺传感器

将滑尺朝向车辆底部内侧轻轻推拉，左右方向转动，上下摆动，激活滑尺各角度传感器。

想一想

影响滑尺角度传
感器激活失败的
因素有哪些？

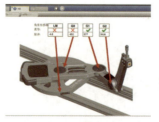

图 2-1-15　激活测量滑尺传感器

注意事项

如果没有多方向转动,会导致测量滑尺激活失败。

六、车辆中心基准点的标定

1. 根据系统建议首选的测量点提示,选择测量头,连接测量杆,并安装在测量杆固定孔中。

2. 移动测量滑尺到 L19 点,按动测量按钮测量记录 L19 点。

3. 移动测量滑尺至对应的一侧,按动测量按钮测量记录 R19 点。

4. 移动测量滑尺至 R10 点,按动测量按钮测量记录 R10 点。

5. 移动测量滑尺至 L10 点,按动测量按钮测量记录 L10 点。

6. 移动测量滑尺至 L15 点,按动测量按钮测量记录 L15 点。

想一想

根据测量信息提示,R19 点应使用什么规格型号的测量头?

提示

中心基准点正确测量完成后,界面自动进入车身底部测量界面,如中心基准点标定错误则无法自动进入车身底部测量界面,需要重新进行中心基准点标定。

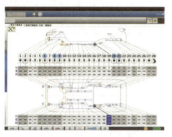

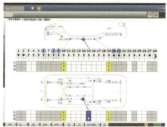

图 2-1-16　标定中心基准点

注意事项

不同品牌车型的车辆基准点有所不同,实际操作时应以实际车型为准。

七、车辆底盘测量

1. 选择正确测量头并组装,按动测量按钮测量记录 R1 点。

2. R1 点测量完成后,移动滑尺到 L1 点,按动测量按钮测量记录 L1 点。

3. 选择正确测量头,按动测量按钮测量记录 L3 点,L3 点测量完成后,移动滑尺到 R3 点,按动测量按钮测量记录 R3 点。

4. 选择正确测量头，按动测量按钮测量记录 L6 点，L6 点测量完成后，移动滑尺到 R6 点，按动测量按钮测量记录 R6 点。

想一想

测量时左右顺序颠倒，会影响哪个方向的测量数据？

图 2-1-17　测量底盘点

注意事项

　　不同品牌车型的车辆底盘测量点有所不同，实际操作时应以实际车型为准。

八、车辆上部（高度）测量诊断

1. 选择正确测量头并组装，移动高度测量尺至 HL1 点。

2. 调节高度测量杆数据、高度测量尺数据，锁止高度测量杆，调节高度测量尺下部角度方向。

3. 测量记录 HL1 点，HL1 点测量完成后，移至另一侧测量 HR1 点。

4. 移动高度测量尺至 HL3 点，并调节高度测量杆数据、高度测量尺数据，锁止高度测量杆，调节高度测量尺下部角度方向。

5. 测量记录 HL3 点，HL3 点测量完成后，移至另一侧测量 HR3 点。

注意事项

　　不同品牌车型的车辆高度测量点有所不同，实际操作时应以实际车型为准。

　　在设定高度测量尺各参数时，一定要将高度、水平杆长度及角度放置到标准位置上，否则测量数据将不准确。

图 2-1-18　测量高度点

九、车辆测量诊断数据打印

选择车辆测量数据打印选项，将车辆测量数据打印出来。

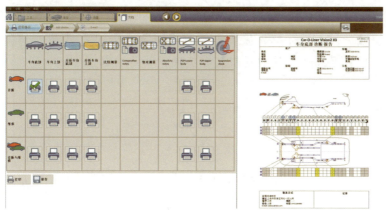

图 2-1-19 打印数据

 总结评价

1. 依据世赛评分规则，完成个人或对其他成员的评价。

表 2-1-1 任务评价表

序号	评价项目	评分标准	分值	得分
1	个人防护	工作服、工作帽、工作鞋、护目镜、棉纱手套穿戴规范，错一项扣5分	10	
2	车辆夹具的检查和固定	夹具安装位置的检查，夹具位置的调整，夹具螺栓的紧固，错一项扣5分	20	
3	测量长尺和滑尺的安装	调整长尺固定适配器，螺栓的紧固，测量长尺的安装方向，正确安装测量滑尺，错一项扣5分	20	
4	测量工单的新建	选择正确的汽车制造商的车型和车身数据，填写工单信息，选择发动机的状态，激活测量滑尺传感器，错一项扣5分	20	
5	车辆中心线的标定和测量	完成中心线的标定，未正确完成扣10分，根据工单正确对测量点进行测量，一处偏差1mm扣1分	20	
6	安全文明生产	无安全隐患，无违章操作，操作错误不得分	10	

想一想

如何选择将整车测量诊断数据打印在一页纸上？

想一想

为什么测量时会出现偏差？

2. 评分方法：借鉴世界技能大赛车身修理项目的评分方法，根据学生的数量和知识与技能水平，采用情景模拟的模式将学生分成若干小组（每组4~6人），并指定一名组长。各评分小组分别对本模块任务的操作进行过程性、结果性评分。各组将任务评价表由每一个参与评价的组员签字确认后提交给组长妥善保存。

拓展学习

讨论

绝对测量和相对测量有什么区别？

车身数据的绝对测量与相对测量

车身测量系统中无车身数据表可用时或者数据表中不包括你想测量的点时，可使用绝对测量或相对测量。当使用绝对测量时，可以选择任何参照点和测量点，可使用平行测量或交叉测量方法来测量车辆。

绝对测量可用于点至点测量，例如像用卷尺那样的平行测量。它还能比较两个等效测量结果，例如中央截面的交叉测量结果与菱形损伤相比较。

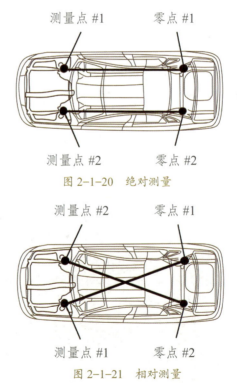

图 2-1-20　绝对测量

图 2-1-21　相对测量

你已按要求完成了前纵梁的损伤测量工作，接下来以小组为单位查阅维修手册，完成车辆发动机舱室的平行测量和交叉测量工作，以及发动机舱室的测量尺寸单的填写。

工作单的填写要
注意什么?

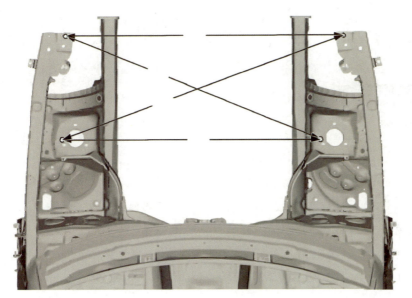

图 2-1-22　发动机舱室的测量

思考与练习

1. 相同车型如何选择正确的车身数据表?

2. 整车和白车身的测量诊断有什么区别? 需要具备什么条件?

3. 技能训练:使用电子测量系统完成车身的全车测量点的测量
诊断。

任务2 前纵梁损伤校正

学习目标

1. 能根据技术要求，进行车辆前梁部件碰撞损伤修复。
2. 能判断前梁部件碰撞时的直接受力点位置并进行损伤评估。
3. 能使用拉伸设备工具完成前梁部件碰撞的校正。
4. 能按要求进行事故车辆至校正平台的移动，并保证车辆和人员的安全。
5. 逐步养成严谨细致、一丝不苟、精益求精的工匠精神。

情景任务

想一想

在进行事故车维修时需要做好哪些安全防护？

通过前一任务的学习和操作，已经完成了车身的测量诊断工作。接下来，请你根据测量诊断的结果，使用拉伸设备完成车身的校正修复。

思路与方法

车身的结构件是非常坚固与坚硬的，强度非常高。对于这些部件撞击后的整形，首先需要知道哪些部件需要更换，哪些部件不能更换而要进行修复，如何进行车身校正，校正修复时要用到什么工具设备。

一、什么是车身校正？

车身的变形校正就是使用较大的校正力对已经变形的车身壳体或构件采用拉、压等方法使其恢复形状和尺寸。

车身的校正工作是车身维修的基础工作，它要完成的不仅仅是车身变形的简单整理，更主要的是校正时必须完成车身上所有主要控制尺寸的修正。校正之后的车身构件与板件的具体轮廓和相对尺寸在进行车身校正时不必过多考虑，因为在完成总体的校正之后，需要将车身分为若干个小的区域，进行局部的整形或更换修复。

对整体车身的变形进行校正的主要目的是消除车身整体的变形和变形应力，使车身的总体轮廓和主要的定位尺寸恢复原状，当然也包括对变形的板件进行整形。

对于车身上的主要结构件，例如车身梁等重型构件的损坏和变形，也需要使用车身校正设备进行校正。这些主要的构件即使需要进行更换处理，也要在车身整体校正完成后才能进行拆换。因为在车身的总体控制尺寸没有被修复之前，需要更换的构件是没有相对尺寸根据的，所以必须首先进行车身的总体校正，然后才能进行更换。

严重损伤的整体式车身的修理工艺可以简单地分解为：

（1）通过损伤检验来确定车身的损伤部位和损伤程度。

（2）通过车身整体校正来完成车身变形的校正和所有主要车身控制尺寸的修正。

（3）更换或修理车身主要结构件的损伤。

（4）更换或修理车身外覆板件的损伤。

二、前纵梁的更换和修复如何判断？

车身部件更换和修复的目的都是"精确地恢复车身的尺寸与状态"，对于整体式车身而言，车身尺寸的精确度是车身修复过程中的一个关键因素，在车身校正时消除由于碰撞而造成的车身与车架上的变形和应力也是非常重要的。

当受损的部件变形不大时，一般采用校正修复，因为车身结构是一体的，这样的车身可以保持其原厂出厂时的整体性。而有些部件特别是高强度钢制造的部件，其变形后内部的应力相当大，而且用常规的方法无法完全消除这些应力，所以就不能校正而要更换。

想一想

整体式车身的结构和分体式车身的结构有何差异？修复手段又有什么区别？

查一查

一般的整体式车身覆盖件和结构件的钢板强度在什么范围内？

车身覆盖件

车身结构件

图 2-2-1　结构件和覆盖件

三、车身拉伸校正的工作原理是什么？

校正（拉伸）车身时，有一个基本原则，即按与碰撞力相反的方向，在碰撞部位施加拉伸力。当碰撞很小，损坏程度比较轻时，这种方法很有效。

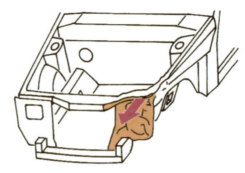

图 2-2-2　按与碰撞力相反的方向进行单点拉伸

想一想

车辆 45° 角碰撞，受力分析图怎么画？

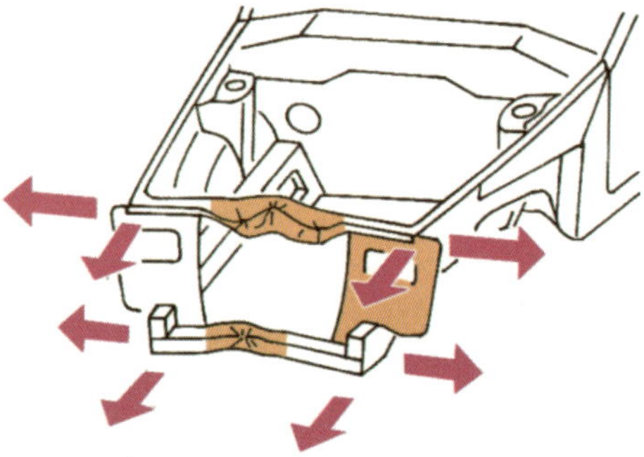

当损坏区域有褶皱，或者发生了剧烈碰撞，构件变形就比较复杂，建议在拉伸校正时，要同时在损坏区域不同的方向上施加拉力，把力加在变形相反的方向可以看作确定有效拉力方向的原则。

图 2-2-3　按与碰撞力相反的方向进行多角度拉伸

提示

辅助固定有两个目的，一个是为了便于修理，另一个是为了防止二次损伤。进行辅助支撑时应查阅相关要求，以保证拉伸时的受力均匀和操作的安全性。

四、选择什么工具设备进行校正？

一般来说，车身校正设备应同时具备以下两个功能才能做好车身的校正工作：第一，能够方便且有效地将车身或损伤部位周围进行固定，使车身在拉伸操作中处于稳定的状态。第二，能够实现对车身各个部位进行多方向的拉伸操作。许多车身维修设备厂家开发研制了各种针对承载式车身的校正设备，基本上都具有车身固定和多向牵拉等功能，有些设备还专门配备了测量系统用于拉伸操作时的尺寸控制和校正指导，多数拉伸设备仍需要与车身测量系统配合操作来控制校正尺寸。

想一想

车身校正仅有校正平台就可实现修复，为什么还要配合电子测量系统？

车身校正设备的选用需满足以下四点基本要求：
（1）配备高精度、全功能的校正工具。
（2）配备多功能的固定器和夹具。
（3）配备多功能、全方位的拉伸装置。
（4）配备精确的三维测量系统。

活动

车身前纵梁损伤的校正

一、安全防护

1. 在移动车辆前做好个人安全防护。
2. 在移动车辆前做好车辆防护。
3. 保证车辆移动时的安全。

图 2-2-4　安全防护

二、固定并调整拉伸设备

1. 接通校正平台的电源、气源。

2. 根据测量系统提示的损伤方向和损伤值安装拉塔,调整拉塔的位置及角度,用插销将塔柱牢牢固定于校正平台上。

3. 在受损前纵梁上挂好拉带,将拉索链条上的铁钩穿过拉带前端的孔。

4. 按照损伤的反方向调整拉索链条的位置,拉紧后用双钩固定。

5. 安装安全绳,防止在拉伸过程中链条滑出造成意外的伤害。

图 2-2-5　固定并调整拉伸设备

练一练

拉塔安装。

提示

在修复过程中要少量多次拉伸来修复损坏部件的变形。

三、拉伸受损前纵梁

1. 如果是整车拉伸，需要拆卸或盖住内部部件（座位、仪表、车垫等）。

2. 焊接时用隔热材料盖住玻璃、座位、仪表和车垫（特别是在进行惰性气体保护焊焊接时，这种保护更为必要）。

3. 拆除车身外面的部件时，用棉布或保护带保护车身以防擦伤。

4. 如果油漆表面擦破，这部分必须修复好，因为防腐涂层的损坏可能造成锈蚀。

5. 拉伸过程中注意观察测量系统的提示。

图 2-2-6　测量系统提示

> **注意事项**
>
> 拉伸过程中不能造成进一步的车身结构损坏。

练一练

去除应力。

四、去除应力

1. 对照测量系统提示，拉伸变形的前纵梁。

2. 敲击前纵梁根部的应力集中点，去除残余应力。

图 2-2-7　去除应力

五、反复拉伸

1. 将链条调整至松弛状态。

2. 观察测量系统的显示，车身主要控制点尺寸在拉伸中要不断进行测量和监控，以保证修复的准确性。

想一想

如何做到在较少的次数中拉伸到位？

图 2-2-8　反复拉伸

3. 如果未校正到位，则进行二次拉伸或多次拉伸，直至校正到位。

> **注意事项**
>
> 注意金属在拉伸过程中有回弹现象，应进行 10 mm 左右的过量拉伸。

六、打印拉伸校正后的测量数据

1. 拉伸校正完成后，选择车身维修后的测量数据进行打印。
2. 将拉带、钢链等进行复位。

 总结评价

1. 依据世赛评分规则，完成个人或对其他成员的评价。

表 2-2-1　任务评价表

序号	评价项目	评分标准	分值	得分
1	个人防护	工作服、工作帽、工作鞋、护目镜、棉纱手套穿戴规范，每错一项扣 5 分	10	
2	车辆的夹持固定	车辆夹持点不正确或夹持操作不当、夹持不牢，每错一项扣 5 分	20	
3	对车身尺寸的正确分析	每出现一点测量错误扣 1 分；根据车身尺寸分析车身变形，判断有误扣 10 分	20	
4	拉伸工具的正确选用和拉伸点的确定	拉伸点选择不当扣 5 分；拉伸方向不正确扣 5 分；选用拉伸夹具不正确或有明显错误扣 5 分；未对拉伸位置周围主要控制点进行固定不得分，固定点选择不当，每处扣 1 分	20	
5	拉伸基本操作	拉塔调整和固定、拉伸方向的确定、拉链的安装及保险工作、拉伸过程操作等，每项操作不符合规定扣 5 分	20	
6	安全文明生产	无安全隐患，无违章操作，否则此项不得分	10	

> **想一想**
>
> 回忆拉伸基准点的选择。

2. 评分方法：借鉴世界技能大赛车身修理项目的评分方法，根据学生的数量和知识与技能水平，采用情景模拟的模式将学生分成若干小组（每组 4~6 人），并指定一名组长。各评分小组分别对本模块任务的操作进行过程性、结果性评分。各组将任务评价表由每一个参与评价的组员签字确认后提交给组长妥善保存。

练一练

指出车身 A、B、C 柱的位置。

 拓展学习

车身 B 柱的损伤拉伸校正

你已按要求完成了前纵梁的损伤校正工作,接下来以小组为单位查阅维修手册,汇总整理车身 B 柱的校正工作,并完成工作流程单的填写。

表 2-2-2　车身 B 柱的校正工作流程单

工作步骤	步骤简述	注意事项
车辆固定	将事故车拉上 _____ 平台,选用大梁校正仪的配套的 _____ 系统,将车身夹紧,并用拉拔夹持器夹住变形纵梁的最前部位	
拉伸 B 柱	夹紧之后,进行车身 _____,在拉伸校正开始之前,拆除汽车上与此次碰撞维修的 _____。因为承载式的车身损伤较易扩散到远处,经常扩散到一些意想不到的地方。确定了车身结构的损伤程度,并完全弄清楚了损伤区域和估计碰撞力度的 _____,这样就可以做到在工作中不盲目操作。在进行拉伸和校正、计划修理程序时应掌握一些基本规则,以保证通过 _____ 的金属加工量来修复损坏部位,并且不会造成进一步的车身结构损伤。根据维修碰撞损坏的顺序与引起损伤的 _____ 的程序来设计拉拔顺序,对车身进行拉伸操作时,要使用 _____ 拉伸	
反复拉伸	拉伸时,每一次拉伸 _____,然后松开链条卸力、测量。操作时,注意 "_____" 完成的顺序。首先是长度校正,沿着汽车中心线,对汽车的纵向方向进行拉伸;然后是宽度校正,对汽车的横向方向进行校正;最后是高度校正。由于车身的高强度钢板对热很敏感,通常不要试图一步就完成维修校正拉伸	

想一想

拉伸 B 柱和拉伸前纵梁有什么不同?

🕯 思考与练习

1. 如果车身多个结构件同时出现损伤,需要拉伸修复,要如何处理?

2. 车身结构部件的损伤校正的流程包含几个步骤?

3. 技能训练:独立完成车身受损前纵梁的校正作业。

模块三
结构件更换

结构件更换主要是将前纵梁等车身结构损坏的部位进行切割分离，安装新的原厂配件，根据制造商的焊接装配要求并采用正确的焊接流程和工艺进行重新接合。

　　本模块融合了世界技能大赛车身修理项目中"车身结构部件更换"模块的内容，共涉及四个典型任务，分别是前纵梁的拆卸、前纵梁新件的准备与安装、前纵梁的焊接与打磨、附件的安装与缝隙调整。主要介绍前纵梁受到严重损伤后，无法通过拉拔进行校正，需要进行旧件分离、新件准备、辅助支撑搭建、电阻点焊、气体保护焊连续焊、焊缝打磨、维修后测量等工作，确保更换后的结构件完全达到原车型的设计要求。

图 3-0-1　前纵梁的分离

图 3-0-2　前纵梁的焊接

任务 1　前纵梁的拆卸

学习目标

1. 能按要求查找标记前纵梁切割位置和原厂的焊点位置。
2. 能正确使用气动锯完成前纵梁的切割。
3. 能正确使用气动钻完成前纵梁的焊点去除。
4. 能正确使用打磨机除去焊点残余并修整底板。
5. 逐步养成严谨细致、一丝不苟、精益求精的工匠精神。

情景任务

　　通过模块二中受损车辆的测量诊断、校正的学习和操作，受损车辆尺寸已恢复到位，但是由于受损车辆的前纵梁变形严重，无法通过校正修复到位，需要你对前纵梁的局部进行更换，确保车辆的安全性能。

思路与方法

　　一般来说，车辆前部的结构性部件因吸收碰撞能量会发生变形，轻度损伤是允许修复的，而重度损伤只允许按照厂家维修要求进行更换。维修人员需要判断车辆结构性部件是局部更换还是整体更换，前纵梁的各部位是如何连接起来的，用什么工具设备进行拆卸。

想一想

前纵梁拆卸前需要拆卸哪些相邻的部件？

一、车辆结构性部件局部拆卸和整体拆卸如何判断？

　　乘用车车身在原设计中具有足够的强度和刚度，修复后的车身要保证其强度和刚度。修复后的车身应保证振动噪声在允许的范围内，不能由于振动引起异常响声。确保车身在一定行驶里程内不得有疲劳损坏，车身整体必须有一定的刚度，保证车身钣金件在使用过程中有保持原有形状的能力。

　　当汽车发生碰撞时，损伤只发生在局部，如车身前横梁、车身 A 柱、车身 B 柱、前风窗支柱、前围支柱或后支柱严重损坏后，无法简单

想一想

原厂车身板件之间的连接方式有哪些？

修复,只能采用更换法。使大面积部位的变形得以恢复后,才能换接上一段规则和形状完全相同的支柱。

一旦汽车发生严重损坏时,车身整体几乎全部被撞毁,底板严重变形,两侧侧围、汽车顶盖、发动机舱盖和行李舱盖几乎没有一处好的地方,判定为受损部位整体无法修复时,可按照维修手册进行整体的更换。在严重受损的车辆上拆下全部可用的零部件,对发动机等主要零部件进行全面检查和修理,换用新的车身结构件总成和需要更换的全部零件,按照维修手册的装配工艺重新予以装配。

想一想

图 3-1-1 中标注的钢材强度中,前纵梁的材料强度范围是多少?

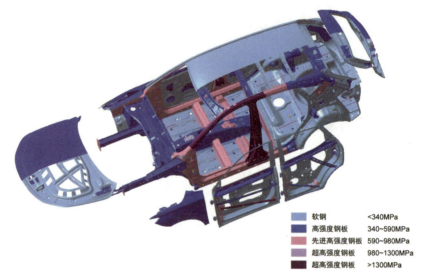

软钢	<340MPa
高强度钢板	340~590MPa
先进高强度钢板	590~980MPa
超高强度钢板	980~1300MPa
超高强度钢板	>1300MPa

图 3-1-1 车身结构部件分布图

二、车辆前纵梁部件用了哪些连接工艺?

电阻点焊是对整体式车身进行焊接时最常用的一种工艺,其适用于车身上要求焊接强度高、不变形的薄板金属零部件。点焊是将焊件装配成搭接形式,并压紧在两柱状电极之间,利用电阻热熔化母材金属,形成焊点的电阻焊方法。电阻点焊在焊接过程中产生的热量少,对板件的影响小,可以进行快速、高质量的焊接,适用于焊接整体式车身上要求焊接强度好、不变形的薄型零部件,如车顶、车门窗、车门槛板以及外部部件等。

这种连接方式有如下优点:

1. 熔核形成时,始终被塑性环包围,熔化金属与空气隔绝,冶金过程简单。

2. 加热时间短,热量集中,故热影响区小,变形与应力也小,通常在焊接后不需要校正和热处理。

3. 没有焊丝、焊条或气体等消耗,焊接成本低。

4. 操作简单,易于实现机械化和自动化,改善了劳动条件。

5. 生产率高,且低噪声。

6. 焊接强度高、受热范围小、金属不易变形。

7. 焊接接头的外观质量与制造厂的焊点完全相同。

当然电阻点焊的连接方式也有缺点,主要表现为设备功率大,机械化、自动化程度较高,导致设备的采购成本高、售后维修费用高,设备重、不易搬运。

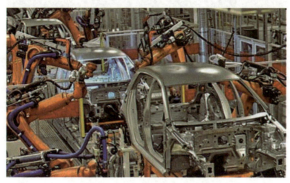

图 3-1-2　电阻点焊工艺

当今汽车上新型高强度钢已经广泛应用熔化极气体保护焊。现代汽车的车身制造中,虽然只有 10% 左右的区域使用气体保护焊,但气体保护焊却是制造过程中必不可少的工艺。它通常使用在电阻焊无法焊接到的区域。

气体保护焊具有以下优点:

1. 熔化极气体保护焊电弧在气流的压缩下热量集中,受热面积小,焊件焊后变形小。

2. 熔化极气体保护焊电弧平稳,熔池小,便于控制,确保熔敷金属最多、溅出物最少。

3. 熔化极气体保护焊焊接后无熔渣,不需要清除熔渣,焊后可以很方便地将这些部位重新上漆。

4. 电弧可见性良好,便于对中,操作方便,易于掌握熔池熔化和焊缝成形。

5. 熔化极气体保护焊焊接熔池与大气隔绝,对油、锈的敏感性较低,可以减少焊件及焊丝的清理工作。

6. 焊丝自动送进,容易实现机械化和自动化操作,生产率高。

7. 气体和焊丝的价格便宜,电能消耗少,成本低。

8. 熔化极气体保护焊抗锈能力强,抗裂性能好。

想一想

熔化极气体保护焊的优点有哪些?

图 3-1-3   熔化极气体保护焊工艺

　　为了满足人们对汽车安全性能的要求，在车身受损后，通常会采用更换新件的形式进行维修，而对于超高强度钢或铝合金车身的维修是车身维修技师面临的一大难题。超高强度钢材料厚度相对薄一些，使用传统焊接会降低超高强度钢材料的强度，导致车体材料强度下降，影响安全性能；铝合金材料焊接的操作手法难度较高，并且铝合金材料容易出现焊穿现象，从而导致材料强度下降，影响安全性能。为了保证维修后汽车的安全性能，汽车制作商推出了胶粘铆接维修方案。

图 3-1-4   胶粘铆接工艺

想一想

车身板件仅仅通过胶粘也可以使板件结合在一起，为什么还要进行铆接？

想一想

如何调节确认焊点分离钻的钻除深度？

三、前纵梁拆卸需要用到哪些工具？

1. 气动钻

气动钻用于板件的钻孔及焊点分离作业，钻头直径规格 Φ6.5~8.2 mm。

图 3-1-5　焊点分离钻

图 3-1-6　焊点分离操作

2. 气动切割锯

气动切割锯适用于车身外板、前纵梁切割，通常前立柱、中柱建议采用切割片切割。

想—想

气动锯条有几种规格？如何选用？

图 3-1-7　气动切割锯

图 3-1-8　前纵梁结构件切割操作

3. 带式打磨机

用气动钻、焊点分离钻等无法进行钻除的部位，可使用带式打磨机进行焊点去除分离。

图 3-1-9　带式打磨机

图 3-1-10　前纵梁焊点打磨操作

活动

前纵梁的拆卸

想—想

前纵梁拆卸需
要哪些防护？

一、车辆安全防护

做好防损措施，用防火布做好车身及平台设备的防护。

图 3-1-11　车辆安全防护

二、确认前纵梁及相邻部件的焊点位置

想—想

在有些焊点被密
封胶覆盖的情况
下，如何标记？

1. 查阅汽车厂家提供的维修手册信息。
2. 使用记号笔标记前纵梁上各连接处的焊点位置。

图 3-1-12　查阅维修手册并标记焊点位置

注意事项

　　正确的焊点位置标记将有助于提高前纵梁拆卸作业
的效率，这是由于前纵梁的组装设计的工艺和结构复杂，
原厂焊点较多，部分焊点会出现在相邻的部件，如不标记
可能会出现分离过程中遗漏现象，影响工作效率。

想—想

使用气动切割锯
切割结构件应使
用多少齿的锯
片？为什么？

三、确认前纵梁切割位置

1. 使用直尺测量切割尺寸，并做好切割标记。
2. 使用气动切割锯进行切割。

图 3-1-13　确认切割位置

> **注意事项**
>
> 前纵梁的切割位置应按照维修手册要求确定,如维修手册中无相关的提示,应遵循以下要求。

（1）无加强板和导管的部位。
（2）无应力集中的部位(直线部)。
（3）切割接合范围小,容易精修的部位。
（4）拆取安装部件少的部位。

四、分离前门框架总成(轮罩加强件)

1. 检查前门框架总成结构,对相关的附件进行拆卸。
2. 利用中心冲对前门框架总成上的焊点进行定位,使用气动钻进行焊点去除。气动钻无法去除的部位可借助带式打磨机打磨。

想—想

在车身损伤件分离时如何避免损伤完好的部件?

图 3-1-14　分离前门框架总成(轮罩加强件)

五、分离减震器支座

1. 利用中心冲对减震器支座上的焊点进行定位,使用气动钻进行焊点去除。
2. 待所有焊点打磨脱离后,将减震器支座进行分离。

图 3-1-15　分离减震器支座

六、分离前纵梁

　　1. 利用中心冲对前纵梁上的焊点进行定位,使用气动钻进行焊点去除。

　　2. 所有焊点打磨脱离后,沿着标记的切割线进行切割,将前纵梁进行分离并取下。

图 3-1-16　分离前纵梁

想一想

在切割前纵梁时,气动锯锯条的齿数如何选择?

七、车身旧板件的修整

　　检查分离后的底板,使用钣金锤将其修整至表面平整、边缘均匀,无锤击痕迹。

图 3-1-17　车身旧板件修整

八、车身旧板件的打磨

1. 检查前纵梁及相邻部件的焊点分离情况。

2. 使用打磨机将车身旧板件上残留的焊点焊疤打磨干净至露出金属光泽，无残留。

想一想

打磨作业需要穿戴哪些防护用品？

图 3-1-18 车身旧板件打磨

 **总结评价**

1. 依据世赛评分规则，完成个人或对其他成员的评价。

表 3-1-1 任务评价表

序号	评价项目	评分标准	分值	得分
1	工作安全	护目镜、口罩、耳塞、棉手套等防护用品，少戴错戴每项扣2分	10	
2	工具使用	工具不会调试不得分，每项缺失、错误扣1分	5	
3	前纵梁结构件焊点位置标记及切割尺寸测量	查阅维修手册，标记前门框架总成、减震器支座、前纵梁的焊点位置，测量前纵梁的切割尺寸，每项缺失扣5分，未做不得分	20	
4	板件分离	分离前门框架总成、减震器支座、前纵梁的焊点，根据切割线切割前纵梁，每项缺失扣2分，扣完为止，未做不得分	35	
5	分离质量	车身旧板件保留完整，焊点钻除伤及底板一处扣1分；底板残留焊点完全打磨干净，对存有变形的底板进行修整，要求修整后的底板弧度线条均匀，表面平整，每项缺失扣2分，未做不得分	30	

想一想

车身旧板件为什么要保留完整？

2. 评分方法：借鉴世界技能大赛车身修理项目的评分方法，根据学生的数量和知识与技能水平，采用情景模拟的模式将学生分成若干小组（每组 4~6 人），并指定一名组长。各评分小组分别对本模块任务的操作进行过程性、结果性评分。各组将任务评价表由每一个参与评价的组员签字确认后提交给组长妥善保存。

拓展学习

想一想

切割线的位置离受损处越远越好吗？

车身 B 柱的拆卸（以某品牌车型为例）

一、切割线位置的确定

根据某品牌车型的维修手册要求对车身进行切割线位置确定，切割线不准确将会影响维修质量，如没有准确提示将根据强度、切口位置、加工工艺等方面考虑切口部位。

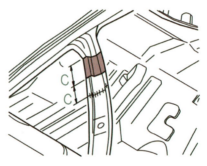

图 3-1-19　B 柱的切割线图

练一练

切割线位置的标定。

二、车身 B 柱的拆卸流程

1. 根据标识法，对切割线位置进行标识，并做切割线记号。

图 3-1-20　标记切割位置

2. 为防止在切割后车框发生变形，需要在切割车门框之前用车门框修复器对其进行定位固定。

图 3-1-21 定位固定

3. 使用焊点分离钻对 B 柱结构部位上的焊点进行去除。

图 3-1-22 焊点去除

4. 使用锤子和凿子对 B 柱进行分离,并拆除。

图 3-1-23 分离并拆除

练一练

三层板件钻孔练习。

注意事项

不要过分用力,以免伤到内层板。

 思考与练习

1. 前纵梁整体更换和局部更换的工艺要求有哪些?

2. 前纵梁局部更换前为什么要分离相邻的钣金件?

3. 技能训练:独立完成前纵梁的切割分离。

任务2 前纵梁新件的准备与安装

学习目标

1. 能正确使用气动锯完成前纵梁新配件的切割。
2. 能正确使用气动钻完成前纵梁新配件的钻孔。
3. 能正确使用电子测量系统完成前纵梁的焊接定位支撑。
4. 能正确使用电子测量系统完成前纵梁及相邻新部件安装尺寸的测量。
5. 逐步养成严谨细致、一丝不苟、精益求精的工匠精神。

情景任务

想一想

如何保证新的零配件安装到车身上的尺寸精度?

　　通过前一任务的学习和操作,受损车辆的前纵梁已经完成了拆卸分离。在车辆维修的过程中你还要准备新的零件进行更换,但是整车厂提供的零件是前纵梁的总成,所以接下来,你需要根据损伤的情况对新的前纵梁总成进行必要的加工,并安装到车身上进行定位调整。

思路与方法

练一练

零件编号查询。

　　不同的汽车制造厂家的车体结构在设计上均会有一定的差异,因此在维修中所提供的配件也就会有所不同,有些是整体的配件,有些可能是分体的单独零配件,这就需要你对零件的信息查询有所了解。比如,前纵梁及前纵梁相邻部件的零配件信息如何查询,如何保证新的零配件安装到车身上的尺寸精度。

一、零配件信息的查找方法和要求有哪些?

　　不同品牌的汽车制造厂商为了给用户提供良好的服务,对于维修人员除了要求其具备专业的服务与技术能力,同样重要的是熟悉维修中所需的零件。

　　下面主要提供了有关零件及如何识别它们的基本资料,以帮助你更好地了解各零件。

1. 正品零件

正品零件是指通过汽车制造商最严格质量检验的零件。它们符合下列重要条件：

（1）零件必须直接从成批生产的新车正品零件中取出，因此在各个方面完全适合该汽车。

（2）零件必须通过最严格的质量检验，从而具有高品质、高性能以及使用寿命长的特性。

（3）任何汽车制造商所生产的零件都应具有该汽车品牌的独有标识。

2. 零件号

所有汽车的相同零部件都有统一的零件名称，如果只根据零件名称去识别零件，是件非常困难的事。故每个零件均有一个对应的零件号，以便准确地去识别。

3. 零件目录

每个零件都有一个零件号，你可在零件目录上寻找到零件号。这些目录就像电话簿一样，可提供给你一辆车上所有可供应零件的号码。

4. 零件查询所需要的资料

当你在电话通讯录中查找电话号码时，必须知道人名、住址等。同理，在查找零件信息前，你也必须知道有关零件的一些项目，例如车型名称、生产年月。对于某些零件，你还必须知道发动机类型、车身与内饰的颜色、变速器代码、齿轮差速比等。所有这些资料都可在铭牌或检验标签上找到。

铭牌：铭牌即制造厂铭牌。

铭牌的位置：客车的铭牌通常置于前罩板上，商用车的铭牌位置因车型与年份不同而异。铭牌位置在相应修理手册中有说明。

每个铭牌上的代码所载资料说明如下：

（1）车型代码

一个车型代码可识别发动机型号、车身类型以及车辆的基本规格。车型代码以字母和数字表示。

提示

电子零件目录：所有车型的零件号和零件名称根据车型年份分 A1、A2 和 B1 三个版本编号和发行。
A1 版：每月一版，包含正常生产的车型。
A2 版：每三个月一版，包含以前的车型。
B1 版：每年一版，包含旧车型。

注意事项

字母与数字有时会随车型不同而有不同的意义。其意义在有关新车解说书中皆有说明。

练一练

参照图 3-2-1 中的信息，对车间现有的车辆的识别号查询记录以下信息：
1. 汽车品牌
2. 车型 / 型号
3. 车辆颜色
4. 发动机型号
5. 生产年份

（2）车架号与车辆识别代号（VIN）

车架号是压印在车身或车架上的一种识别号码，而且每辆车皆有一序列号。车身号是由一基本车型码与序号所组成。

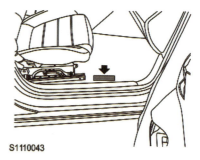

S1110043

在尾门内侧，打开尾门可以看到。

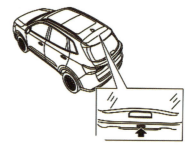

车辆识别代号（VIN）

例如：LSJW74U37HZ××××××

位数	代码	描述
1 - 3	LSJ	车辆制造商的代码
4 - 5	W7	车型/型号
6	4	车身结构特征 4 = 两厢五门
7	U	发动机 U = 1.6L汽油机；发动机 C = 1.3T汽油机
8	3,6,9	乘员保护装置 3 = 安全带、驾驶员、前排乘客正面安全气囊 6 = 安全带、驾驶员、前排乘客正面安全气囊和座椅侧气囊 9 = 安全带、驾驶员、前排乘客正面及座椅侧面安全气囊，前、后排侧面帘式安全气囊
9	X	检验位，由 0-9 中任一数字或字母 X 表示
10	H	车辆生产年份 H = 2017
11	Z	总装厂 Z= 河南郑州
12 - 17	××××××	6 位数字 = 生产顺序号

VIN 还被打印在下列位置：

风窗玻璃左下角后面的平面上。

车辆标牌的位置

车辆标牌位于车辆右侧B柱下方，标牌详情请参照实物。

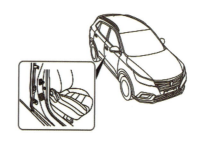

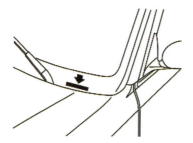

图 3-2-1　某品牌汽车维修手册中关于车辆识别码的标注

二、为什么要反复确认前纵梁及前纵梁相邻部件安装的尺寸？

前纵梁及前纵梁相邻部件的新配件一旦连接到车身上，将无法再进行尺寸的调整。因此，新配件安装尺寸十分重要，必须严格按照维修手册中有关车身尺寸的要求，使用电子测量后，再次确认车身的尺寸和数据是否正确。

试一试

根据电子测量系统中的前纵梁焊接定位支撑点信息，选择正确的定位夹具零件进行组装。

另外，使用电子三维测量系统，结合焊接支撑定位卡具系统，选择车辆相关的信息，在电子三维测量系统数据界面中找到前纵梁的定位支撑点，根据支撑点的提示组装焊接支撑定位卡具，使用电子三维测量系统对支撑点进行测量,测量数据正确后,将前纵梁及前纵梁相邻部件放置在已经组装测量完毕的定位卡具上,使用夹钳固定。

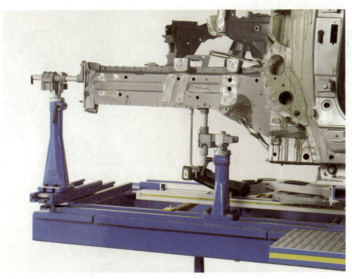

图 3-2-2　使用焊接定位支撑卡具进行前纵梁尺寸定位

 活动

前纵梁新件准备与安装

一、前纵梁切割钻孔与打磨

1. 使用直尺测量前纵梁新件的切割位置,标记切割位置和切割方向,使用气动切割锯进行切割。

2. 对前纵梁新件标记出塞孔焊点的位置,按照要求完成钻孔,并对塞焊孔的区域进行漆膜打磨。

图 3-2-3　切割前纵梁

想一想

漆膜要打磨到什么程度?

二、减震器支座钻孔与打磨

1. 将减震器支座新件预先安装在车身上，确认塞孔焊点的位置。

2. 用记号笔进行标记并完成钻孔与漆膜打磨。

图 3-2-4　钻孔并打磨减震器支座

三、门框架加强件总成（轮罩加强件）钻孔与打磨

1. 将门框架加强件总成从前纵梁新件总成上进行分离。

2. 确认塞孔焊点的位置，用记号笔进行标记并完成钻孔与漆膜打磨。

图 3-2-5　钻孔并打磨门框架加强件总成（轮罩加强件）

四、新件的预装与调整

1. 选择正确的定位支撑系统并组装在校正平台上。

2. 配合电子测量系统完成前纵梁安装位置的测量确认。

3. 调整定位支撑的位置（长度、宽度、高度）。

4. 根据电子测量系统测量点的提示对已安装的定位支撑进行测量、固定。

提示

如测量数据存在较大误差，可多次调整直至数据达到汽车制造厂商的维修要求。

图 3-2-6　新件预装与调整

 总结评价

1. 依据世赛评分规则，完成个人或对其他成员的评价。

表 3-2-1　任务评价表

序号	评价项目	评分标准	分值	得分
1	工作安全	工作帽、线手套、防护眼镜、口罩、耳塞穿戴规范，每项缺失、错误扣 1 分	5	
2	工具使用	检查调试焊点分离钻、气动切割锯，辅助支撑 3 号组装正确，每项错误扣 2 分	10	
3	新件准备	根据要求对新件进行画线、切割，纸胶带标记切割线位置、塞孔焊点位置，切割缝隙要均匀，新件接合区域完全打磨，每项错误扣 2 分，扣完为止，未做不得分	35	
4	新件预装	定位支撑系统组装正确，测量安装的尺寸正确，安装孔的位置及缝隙正确，每项错误扣 3 分，扣完为止	45	
5	工作习惯	工作场地整洁，关闭焊接设备，完成后做好 5S 管理，每项缺失、错误扣 1 分	5	

2. 评分方法：借鉴世界技能大赛车身修理项目的评分方法，根据学生的数量和知识与技能水平，采用情景模拟的模式将学生分成若干小组（每组 4~6 人），并指定一名组长。各评分小组分别对本模块任务的操作进行过程性、结果性评分。各组将任务评价表由每一个参与评价的组员签字确认后提交给组长妥善保存。

 拓展学习

车身 B 柱新件切割的要求（以某品牌车型为例）

车身 B 柱新板件的供应是总成式供应，所以也包含不需要的部位，因此按要求将 B 柱新件进行粗切除，切割线的精确性对于修复品质有很大的影响。更换方法和切割位置也要按照车型的维修手册要求进行。如涉及更换 B 柱背板，必须更换整体背板板件。

练一练

B 柱切割练习。

B柱的三层板件都要切割吗？

图 3-2-7　B 柱新件总成　　　图 3-2-8　B 柱新件背板

　　焊接部位与门槛结合面和车顶结合面不能在焊接后才实施防锈处理。防锈处理不仅包含内侧钢板磨除涂膜部位，也包含内侧结合面，钢板在喷涂焊接锌喷剂之前，要检查车身原板件和新件的搭配情况是否合适。使用切割下来的板件对 B 柱底边进行切割并制作成加强件，加强件长度为 60~80 mm，以保证车身修理强度。

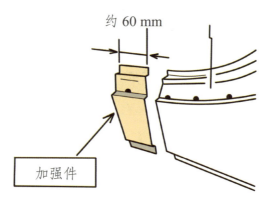

约 60 mm

加强件

图 3-2-9　加强件的切割尺寸

 思考与练习

1. 如何保证新件的切割位置正确？
2. 检查新件预装定位的尺寸精度的方法有哪些？
3. 技能训练：独立完成前纵梁新件的准备与安装。

任务3　前纵梁的焊接与打磨

 学习目标

1. 能正确完成结构件焊接前的清洁防腐处理和尺寸检查确认。
2. 能正确使用虚拟焊接设备完成结构件焊接前的焊接规范操作测试。
3. 能正确使用焊接设备完成结构件各部位的焊接作业。
4. 能正确使用打磨设备完成对接焊、塞孔焊的焊道焊疤打磨作业。
5. 逐步养成严谨细致、一丝不苟、精益求精的工匠精神。

 情景任务

通过任务2的学习和操作，已经完成了新的前纵梁及前纵梁相邻部件的切割、打磨作业，并预装到车身上进行了尺寸的测量。接下来，你需要将前纵梁新件焊接到车身上，在焊接前你需要了解一些车身修复常用的焊接方法，这些焊接要用什么设备，焊接到车身后对强度有什么要求等。

 思路与方法

不同的汽车制造厂商在设计制造车体过程中，往往会将不同厚度、材质的材料运用在车身上，因此必须严格按照汽车制造厂商提供的维修手册中的要求进行焊接。一般需要先对焊接部位的接合面进行清洁防腐处理，然后按照维修手册中的要求完成各部位的焊接。那么怎样才能高质量地完成前纵梁各部位的焊接呢？需要用到哪些焊接设备？

一、焊接都有哪些方法和要求？

现代汽车车身维修的焊接一般采用熔化极气体保护电弧焊、电阻点焊。车身钣金焊接维修时，应根据具体情况，采用不会降低车身原有强度和耐久性的最佳焊接方法，尽量采用电阻点焊或气体保护焊焊接。

1. 电阻点焊

电阻点焊是利用电极对被焊接物施加一定的压力的同时通电，利

想一想

车身结构部件焊接需要用到哪些专用的焊接设备？

查一查

查阅维修手册，记录前纵梁新件焊接的焊接部位要求、焊接工艺要求。

想一想

电阻点焊焊接的部位需要打磨几个接合面？

用电极间的接触电阻产生焦耳热熔化金属，用电极的挤压力压合熔化金属而达到焊接的目的。

（1）焊件的材料与清洁程度：焊件之间以及焊件与电极的接触点都需要认真打磨干净。

（2）电极压紧力：压力过小会在接触点处造成焊接飞溅；压力过大虽然通过的电流也大，但是由于热量的分布区域增大，使焊点直径和熔深反而变小。

（3）焊接电流：焊点直径和焊接强度都随焊接电流的增加而增大，但电流过大且压力较小时，也会造成板间的飞溅；反之则可能将飞溅减至最低程度。

（4）通电时间：通电时间长对焊点的影响是热量生成多、焊点直径大、熔深也深，但通电时间过于延长也不会使焊点增大，反而还会出现电极压痕和热变形现象。

想一想

焊点的间距如何确定？其参照要求是什么？

（5）焊点布置：焊点的间距和边距（焊点至板边缘的距离）对焊点强度也有决定性作用。缩小焊点间距虽然可以提高焊件的连接强度，但实际上也是有限度的，因为间距超过一定的限度，焊接电流会经由上一个焊点分流，这时增加的焊点不再具有增强焊件连接强度的作用，而且还会适得其反。因此焊点的间距一定要跨出电流分流区。

（6）焊接顺序：一般不沿着一个方向连续进行点焊，当电极头发热并改变颜色时，应停止焊接使其冷却；也不要对角落的边线部位进行焊接，以防应力集中而导致开裂。

2. 气体保护焊

熔化极气体保护电弧焊主要用于焊接高强度、低合金钢车身，以及焊接铸铝件等。

典型的焊接位置和焊接方法：

（1）对接焊：将两个相邻的金属边缘安装在一起，沿着两个金属板相互配合或对接的边缘进行焊接。

（2）搭接焊：焊接两个相互重叠的金属板。

（3）塞焊：在外面的一个或若干个工件上打一个孔，电弧穿过此孔，进入里面的工件，孔被熔化的金属填满。

（4）点焊：送丝定时脉冲被触发时，将电流引入被焊的板件。

在气体保护焊接时只有严格按照焊接规范操作，合理选择工艺参数，才能获得高质量的焊缝及较高的生产率。气体保护焊的工艺参数主要包括焊丝直径、焊接电流、焊接速度、焊丝伸出长度、气体流量、电源极性、焊枪喷嘴的调整等。

（1）焊丝直径应根据工件厚度、施焊位置等要求来选择。对薄板或中厚板实施立、横、仰焊时，多采用细焊丝。

（2）焊接电流是一个重要的工艺参数，焊接电流直接影响熔深、焊丝熔化速度、电弧的稳定性及飞溅量。电流加大，熔深、熔宽均增大，剩余金属的高度和焊缝的宽度也会增大，反之则熔深、熔宽变小。焊接时应根据工件厚度、施焊位置、焊丝直径、熔滴过渡形式等要求来选择。采用细焊丝（0.6～0.8 mm）短路过渡焊接时，焊接电流为50～230 A。

（3）电弧电压也是一个重要的工艺参数，焊接质量优劣与电弧长度直接相关，而电弧长度则取决于电弧的电压。焊接时可用起弧后的工作状态判断电压是否合适，如果焊接时能听到连续的"嗞嗞"或轻微的爆裂声则为正常。从焊缝观察，电压提高则弧长增加、熔深变浅、焊缝宽平并使飞溅增加。电压降低则弧长减小、熔深变深、焊缝变窄并且所见电弧减小。

（4）焊枪导电嘴到焊件表面的距离会直接影响焊接的质量，是一个保证焊接质量的重要参数。若此距离过大，焊丝的伸出长度就大，更多的预热时间将会使其熔化过快，同时保护气体的屏蔽作用也相应减弱；距离过小，焊丝端头被喷嘴挡住使观察焊接质量和行进都有困难。焊丝伸出长度取决于焊丝直径，一般等于焊丝直径的8～10倍（8~15mm）。

（5）焊接方向与角度。气体保护焊分为左焊法和右焊法两种。左焊法是焊接时从右向左进行，其特点是喷嘴不挡住视线，熔池受电弧的冲刷作用也小，熔宽大、焊缝平。右焊法是焊接时从左向右进行，其特点是向焊缝填充的金属多、熔深大，但电弧对熔池的冲刷作用也大，易影响焊缝的形成。无论采用哪一种焊接方向，焊嘴与焊缝的垂直相交线夹角均为10°～30°之间。

（6）气体流量。焊接时保护气体（Ar+CO$_2$）的流量也会影响焊接质量，若气体流量过大，会形成涡流而影响屏蔽效果；流量过小，则保护气体屏蔽作用减弱。保护气体流量应根据焊接电流、焊接速度、焊丝伸出长度等来调节。短路过渡焊接时，保护气体流量为10～15 L/min。

（7）焊接速度。焊接速度是影响焊缝熔宽、熔深和余高的直接因素。速度过快会使熔深、熔宽变小，焊缝呈尖形并且容易发生咬边现象；焊接速度过慢则会造成焊件烧穿。因此要正确掌握好焊接速度。

（8）电源极性。气体保护焊一般采用直流反接法，采用直流反接法可以减少飞溅，保持电弧的稳定。在需要提高焊接的熔敷效率及降

讨论

焊丝伸出的长度为8~15mm，如果过长会怎么样？过短会怎么样？

低工件的受热时，多采用直流正接法。

（9）焊枪喷嘴的调整。焊机的焊枪主要是提供合适的保护气体以及给工作部位加压，以防止焊丝移出熔池。在气体保护焊机的几个主要组成部分中，喷嘴最为关键，当喷嘴受到堵塞或损坏时会造成送丝速度不稳定，并产生许多金属熔滴，造成气体喷嘴的短路。

3. 焊接的安全措施

（1）电子控制单元。在执行焊接维修操作之前，考虑到安装在车上的电控单元（ECU），应适当地遵循防护措施。在这些操作过程中，会产生大量的热和剧烈的振动，可能损坏电子控制单元。在断开或拆下安全气囊控制模块（SDM）时，特别要遵守合适的防护措施。

（2）辅助保护系统的防护措施。执行与拆除或更换辅助约束保护系统（SRS）任何项目有关的所有工作时，应格外小心并遵守适当的防护措施。

（3）设备。在对车辆开始任何试验时，确保相关的试验设备工作正常，并且所有线束和接头均状况良好。这对电子控制单元尤其重要。

（4）安全带铆接点。安全带铆接点是确保驾乘者生命安全的关键。在维修这些区域时，遵循设计规范很重要。注意：可以在安全带安装位置处使用低合金高强度钢（HSLA）；尽可能使用原有生产总成，包括座椅安全带铆接点，或者切割线的布置不应妨碍到原座椅安全带铆接点；必须小心地检查 250 mm 以内安全带铆接点焊缝的焊接质量，包括点焊间隔。

二、焊接需要用到哪些设备？

在事故车维修中，根据焊接工艺的需要，一般焊接设备主要分为气体保护焊机、电阻点焊机。

1. 气体保护焊机

气体保护焊机的类型繁多，同时根据焊接材料的不同又分为铝焊机和普通焊机，但其功能是一样的，主要用于车身部件的缝焊、塞孔焊、搭接焊、对搭接焊等。

2. 电阻点焊机

电阻点焊机主要用于车身两层板件或两层板件以上的部件焊接，根据生产制造商的不同，分为风冷式点焊机和水冷式点焊机。

想一想

除了已述的安全措施，还有哪些安全防护措施需要注意？

想一想

电子控制单元的防护应该如何做好？

想一想

辅助保护系统的防护应该如何做好？

想一想

设备的防护应该如何做好？

想一想

风冷式点焊机和水冷式点焊机对焊接是否有影响？

图 3-3-1 气体保护焊机   图 3-3-2 电阻点焊机

3. 智能虚拟焊接设备

智能虚拟焊接设备融入新一代科技与焊接技术、环保节能、通用性技能操作训练和评价系统等，主要采用虚拟现实增强、仿真实训、音像实时生成等技术，为操作者提供一个虚拟和真实相结合的焊接训练环境，通过模拟基础的薄板焊接、结构部件的焊接，强化训练操作者的焊接姿势、焊枪距离、角度、速度等一系列的焊接动作及姿势，保证操作者有一个非常稳定的焊接技能手法，辅助完成车身的高质量焊接要求。

图 3-3-3 智能虚拟焊机

> **试一试**
>
> 使用智能虚拟焊机完成汽车前纵梁模拟板件的焊接训练，要求模拟前纵梁焊接的成绩达到 85 分以上。

活动

前纵梁新件的焊接与打磨

一、新件焊接前的清洁防腐处理

1. 根据需要焊接接合的板件，逐一对新板件的外表面、接合部内表面以及车身旧件接合面进行清洁处理。

图 3-3-4　清洁板件

想一想

锌粉底漆除了防腐还有什么作用？

> **注意事项**
>
> 　　如条件允许应使用汽车厂商提供的专用清洁剂，将清洁剂喷洒在无尘擦拭布上，擦拭清洁时尽量顺着一个方向进行，避免来回反复擦拭。

2. 使用锌粉底漆对整形、打磨过的裸露金属表面进行喷涂。

图 3-3-5　底漆喷涂

> **注意事项**
>
> 　　如使用锌粉底漆喷剂进行防腐处理时注意喷涂量，不可喷涂过厚而影响焊接效果。

提示

调整好焊接定位支撑夹具的位置将前纵梁进行固定，通过电子测量系统分别对前纵梁及相邻部件进行测量检查，保证前纵梁及相邻部件的安装尺寸符合汽车制造厂设计要求。

二、新件的最终定位与焊接

1. 根据维修手册上的车身尺寸图，再次确认车身的尺寸和数据是否正确。

2. 使用气体保护焊机对前纵梁的根部预先进行固定。

3. 使用气体保护焊机对前纵梁的填孔焊位置进行焊接。

（1）通过智能虚拟焊接设备进行焊接手法和规范性测试，确保操作人员的焊接距离、焊接角度、焊接速度合理，保证实际的焊接质量。

（2）调节气体保护焊机参数后并试焊，对前纵梁、减震器支座、前门框加强件总成需要填孔焊位置进行填孔焊焊接。

> **注意事项**
>
> （1）焊接时需确保人员及车辆的安全防护操作。
>
> （2）填孔焊接时需确保焊接板件间不能有间隙。
>
> （3）填孔焊接时需一次性焊完一个填孔焊，以保证焊接热量足以渗透板件。

提示

固定点焊的距离可参照维修手册信息，如维修手册中未提示，一般为所焊接板件厚度的15~30倍。

图 3-3-6　新件定位

图 3-3-7　虚拟焊接测试

图 3-3-8　新件焊接

4. 确认焊接参数，调节电阻点焊机，并试焊。对减震器支座、前门框加强件等需要电阻点焊焊接位置进行电阻点焊焊接操作。

图 3-3-9　打磨焊点

想一想

板件连续焊接的板件间隙过大或过小会产生什么影响？

5. 使用气体保护焊接对前纵梁的新件进行连续焊接。

（1）通过智能虚拟焊接设备进行焊接手法的规范性测试，确保操作人员的焊接距离、焊接角度、焊接速度合理，保证实际的焊接质量。

（2）调节气体保护焊机参数并试焊符合要求后，对前纵梁根部的接缝位置进行对接接合焊接操作。

> **注意事项**
> （1）焊接前需确认板件的筋线、板面等尺寸对位准确。
> （2）对接焊接时需确保焊接板件间隙为 1 mm 最佳。
> （3）焊接前务必将定位的焊点打磨平整。

三、新件焊接后的打磨

1. 用钢丝刷刷掉焊接后表面的焊渣和烧焦的漆膜。

2. 使用打磨机将填孔焊的焊疤和对接焊的焊道打磨至平整、光滑。

图 3-3-10　焊接后打磨

想一想

打磨工具为什么要平行于焊缝？

> **注意事项**
> （1）打磨工具必须平行于焊缝。
> （2）不能磨薄旁边的基础材料。
> （3）焊缝在接合后用钢丝刷清洁干净。
> （4）燃烧过的油漆用钢丝刷去除。
> （5）打磨焊点部位至与底板部位平齐为止，切勿打磨过度。

 总结评价

1. 依据世赛评分规则，完成个人或对其他成员的评价。

表 3-3-1 任务评价表

序号	评价项目	评分标准	分值	得分
1	工作安全	做好个人安全防护，工作帽、线手套、防护眼镜、口罩、耳塞穿戴规范，每项缺失、错误扣 1 分	5	
2	工具使用	焊接设备正确开机测试、试焊，焊接参数设置、气体流量 10~15 L/min，辅助支撑 3 号组装正确，每项错误扣 1 分，不会调试操作不得分	5	
3	新件防腐	对要焊接的保留件、新板件喷涂焊接底漆，每个接合面未喷涂、每个接合面未清洁、喷涂不足、流挂喷涂错误，每项错误扣 1 分	5	
4	新件定位	测量安装的尺寸，前纵梁底部和高度允许误差 ±3 mm，减震器支座底部和高度允许误差 ±2 mm，每项错误扣 3 分	15	
5	新件焊接	保留件、新件塞焊孔铆接孔毛刺去除，新件内外侧接口毛刺处理，焊接前进行试焊（塞焊、连续焊），接缝定位焊点间距合适、焊点打磨，每项错误扣 2 分	20	
6	接合品质	焊点位置正确（焊点边距 10 mm、端距 20 mm、间距 40 mm、十字交叉线），焊点失圆、不均匀压痕、表面焊渣，每个焊点不合格扣 0.5 分；塞孔焊焊接正面焊核直径、高度正确，出现未熔透、失圆、气孔、未填满、焊穿，每个扣 0.5 分；连续焊焊接正面焊接宽度、高度、每段长度正确，焊缝无弯曲、接头无偏移、宽窄一致（每段为 1 处，每处错误扣 2 分），出现气孔、缺口、塌陷、焊穿或未焊透，累计 20 mm 为 1 处，每处扣 0.5 分，扣完为止	30	
7	打磨质量	打磨不彻底、打磨粗糙，每处扣 0.5 分；打磨表面光滑平整，焊道过度打磨每 10 mm 为 1 处，每处扣 2 分；塞孔焊点表面打磨无塌陷，出现砂眼、气孔扣 0.2 分，扣完为止	15	

想—想

为什么要进行防腐处理？

比—比

徐澳门在练习塞孔焊时每 100 个点只允许出现 4 个不合格，你能做到吗？

（续表）

序号	评价项目	评分标准	分值	得分
8	焊接技能操作规范测试	模拟前纵梁结构件的焊接，上边 4 个塞焊孔，下边 5 个塞焊孔，接缝处的连续焊接，采用智能虚拟焊接教学实训系统自动评分进行换算	5	

2. 评分方法：借鉴世界技能大赛车身修理项目的评分方法，根据学生的数量和知识与技能水平，采用情景模拟的模式将学生分成若干小组（每组 4~6 人），并指定一名组长。各评分小组分别对本模块任务的操作进行过程性、结果性评分。各组将任务评价表由每一个参与评价的组员签字确认后提交给组长妥善保存。

拓展学习

想一想

学习虚拟焊接有什么好处？

前纵梁结构件的模拟焊接操作

一、使用智能虚拟焊接账号登录智能虚拟焊接教学实训系统

二、进入系统并在软件中选择焊接方法（气体保护焊）

三、选择防护用品并穿戴（焊接面罩、焊接围裙、焊接手套、焊接袖套、焊接护腿）

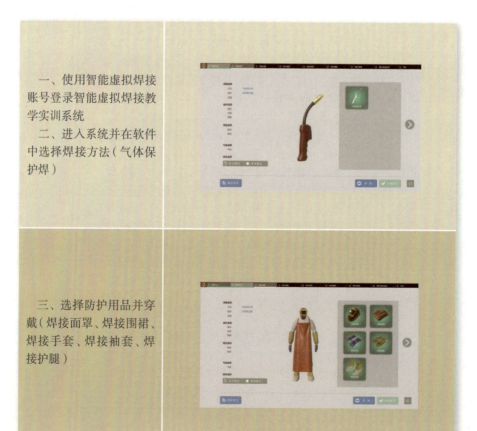

（续表）

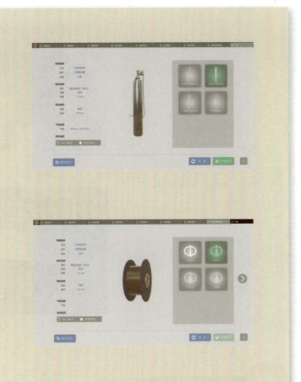

四、选择焊接位置（立焊）、焊接板件类型（模拟纵梁件－斜口）、板件材质（碳钢）、板件厚度（1.5 mm）、焊丝焊条材质（碳钢）、焊丝焊条直径（0.6 mm、0.8 mm、1.0 mm、1.2 mm）、保护气体（90%Ar + 10%CO_2、80%Ar + 20%CO_2、75%Ar + 25%CO_2、99.99%CO_2）等设置

想一想

前纵梁和 B 柱的板厚分别是多少？

五、在设备上选择焊接模式及正确的焊接电流、送丝速度，打开保护气瓶气体阀门，按压焊枪并调节保护气体流量大小

练一练

焊接速度控制。

（续表）

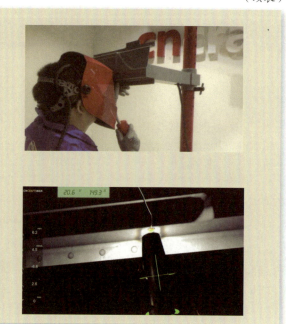

练一练

焊接距离控制。

六、规范佩戴焊接面罩，使用仿真焊枪，完成汽车前纵梁板件上部接缝、中部接缝、下部接缝处的连续焊

 思考与练习

1. 如何保证前纵梁的定位尺寸精度？

2. 焊接定位支撑夹具位置的调整顺序有什么要求？

3. 技能训练：独立完成前纵梁及前纵梁相邻部件的焊接。

任务 4　附件的安装与缝隙调整

学习目标

1. 能正确使用电子测量系统完成新件更换后的尺寸测量。
2. 能正确完成车门的安装。
3. 能正确调整翼子板与车门的间隙。
4. 能正确完成发动机盖的安装,并调整发动机盖与翼子板的间隙。
5. 逐步养成严谨细致、一丝不苟、精益求精的工匠精神。

情景任务

　　通过任务 3 的学习和操作,已经完成了前纵梁新件的焊接与打磨作业。接下来,你需要把前车门、保险杠加强件、前翼子板等附件安装至车身上,并且查找维修手册,确定标准的缝隙后,调整对应的螺栓和板件来把安装后的附件调整到正确的缝隙尺寸。

思路与方法

　　在前纵梁碰撞损伤的修复和更换作业前,拆卸了周边多个附件,维修结束后应按照维修手册的要求将其恢复原始状态和尺寸,这就需要维修人员对车身相关的外部附件的安装流程非常熟悉。那么如何安装并调整车身外部的附件呢?

一、前纵梁更换后的附件安装有哪些方法和要求?

　　在进行事故车辆的更换维修后,为保证车辆行驶的安全性和舒适性,必须将原有的外部附件恢复安装,具体的安装要求应参照维修手册中的要求。

　　1. 翼子板的安装和间隙尺寸(以某品牌车型为例)

　　翼子板的作用是在汽车行驶过程中,防止被车轮卷起的砂石、泥浆溅到车厢的底部。因此,要求所使用的材料具有耐气候老化和良好的成型加工性。

想一想

因更换维修所拆卸的附件,未能按照要求恢复,车辆在行驶过程中可能会出现什么问题?

想一想

翼子板与前舱盖的间隙过大,应如何调整?

现在大部分汽车生产厂商使用低碳钢材料来制作汽车翼子板。有的厂商为了降低车身重量，节能减排，采用铝镁合金来制作汽车前翼子板。除了用铝镁合金来代替传统的钢铁材料外，塑料材料也被越来越多地应用于汽车外板件。

（1）定位并调整翼子板。

（2）将翼子板固定到车身上，不要拧紧螺栓。

（3）调整翼子板和相邻各板之间的间隔，使间隙均匀。

（4）安装翼子板吸音垫。

（5）安装前轮罩衬板。

（6）翼子板与相邻部件的间隙尺寸调整应参考维修手册要求。

2. 发动机罩的安装和间隙尺寸（以某品牌车型为例）

（1）分别将两侧铰链车身页正确定位于车身前端且对准拆卸时标记的位置。

（2）装上将两侧铰链车身页固定到车身前端的4个螺栓，并拧紧至19~25 N·m，并检查扭矩。

（3）在另一位技师的帮助下，将发动机罩装车定位。

注意事项

将螺栓插入安装孔时不要损坏螺栓上的螺纹。

（4）装上将发动机罩与两侧铰链发盖页固定的4个螺母，但不要拧紧至额定扭矩。

（5）检查发动机罩定位是否准确，且仔细调整发动机罩与前翼子板之间的间隙和面差，使其满足DTS（尺寸技术规范）要求。

（6）调整好后，拧紧4个固定螺母至19~25 N·m，并检查扭矩。

（7）装上空调进气格栅总成。

（8）发动机罩与相邻部件的间隙尺寸调整应参考维修手册要求。

3. 保险杠横梁与面板的安装和间隙尺寸（以某品牌车型为例）

（1）装上将前保险杠缓冲梁左右两侧固定到车身上的8个螺栓，拧紧至40~50 N·m，并检查扭矩。

（2）装上将前保险杠缓冲梁左右两侧固定到前端模块上的6个螺钉，拧紧至7~10 N·m，并检查扭矩。

（3）装上上侧散热器气流侧导流板。

（4）分别将两侧铰链车身页正确定位于车身前端且对准拆卸时标记的位置。

（5）装上将两侧铰链车身页固定到车身前端的4个螺栓，拧紧至19~25 N·m，并检查扭矩。

想一想

翼子板的间隙有几个参考基准？调整的顺序是什么？

查一查

查阅维修手册中发动机罩与相邻部件的间隙尺寸要求，并记录。

（6）如果已拆卸前保险杠两侧安装支架，则需安装前保险杠两侧安装支架，装上固定支架的 4 个螺栓，拧紧至 3~4 N·m，并检查扭矩。

（7）如果已拆卸前保险杠中部安装支架，则需安装前保险杠中部安装支架，装上固定支架的 4 个螺栓，拧紧至 3~4 N·m，并检查扭矩。

（8）如果已拆卸雾灯，则需安装雾灯，将前雾灯总成固定到前保险杠上，装上固定雾灯左右两侧的 8 个螺钉，拧紧至 1.5~2 N·m，并检查扭矩。

（9）借助帮助，将前保险杠总成装到车身上，两侧拍入前保险杠左右支架中，上下分别与水箱上横梁和底部导流板的安装孔对齐。

（10）装上将前保险杠固定到前端模块的 6 个螺栓，拧紧至 3~4 N·m，并检查扭矩。

（11）装上将前保险杠与底部导流板固定的 6 个螺栓，拧紧至 3~4 N·m，并检查扭矩。

（12）装上将前保险杠与左右轮罩护板下部固定的 6 个螺钉，拧紧至 1.5~2 N·m，并检查扭矩。

（13）装上将前保险杠与左（右）轮罩衬板上部固定的 3 个螺钉，拧紧至 1.5~2 N·m，并检查扭矩。

（14）装上将前保险杠左（右）侧与左（右）翼子板固定的 1 个螺钉，拧紧至 1.4~1.8 N·m，并检查扭矩。

（15）清除保险杠、翼子板和轮眉上的残留胶，将纸胶带粘在未变形的轮眉上，并借助卡扣安装轮眉。

（16）前保险杠面板与相邻部件的间隙尺寸要求应参考维修手册要求。

二、前纵梁更换后需要测量哪些位置的数据？

前纵梁更换和焊接完成后，应根据车身维修手册中的尺寸图，检查焊接后零部件的尺寸和数据有无因焊接引起的应力变形。一般汽车制造厂商提供的维修手册中会提示相关的尺寸和数据，可利用电子测量系统检查。

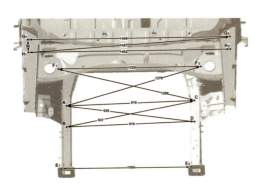

图 3-4-1　某品牌汽车制造厂商维修手册中对车身前端尺寸的要求

想一想

安装雾灯前需要做好哪些检查？

想一想

保险杠拍入左右支架，应注意什么？

想一想

根据这份尺寸图，所更换的前纵梁需要测量哪几对点？

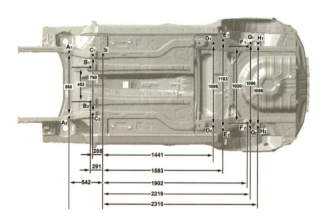

图 3-4-2 某品牌汽车制造厂商维修手册中对车底板尺寸的要求

图 3-4-3 某品牌汽车制造厂商维修手册中对侧面尺寸的要求

同样，可以通过三维电子测量系统进行尺寸测量。在使用三维电子测量系统测量时应根据测量点的提示，组装正确的测量头与测量杆后，找到更换件上对应的点进行测量，测量后的误差应保证符合汽车制造厂商提供的维修手册中的尺寸要求。

讨论

更换后的前纵梁经过测量，尺寸存在一定的误差，在后续的工作中可能会出现哪些问题？

图 3-4-4 更换后的部件底部数据测量

图 3-4-5 更换后的部件上部数据测量

活动

附件的安装与间隙调整

一、车门的安装和间隙调整

1. 根据维修手册信息的要求,将前车门安装至车身上,拧紧前车门上、下铰链固定至前车门上的 4 个螺栓。

2. 关上车门,检查车门的后部是否与旁边的钣金件平齐,尺寸间隙是否正确,车门是否能够正常开关。

3. 校正好后,打开车门,拧紧将锁扣固定到车身的螺钉至 19~25 N·m,并检查扭矩。

图 3-4-6 安装调整车门

二、前保险杠防撞梁与相邻支架的安装

1. 将保险杠防撞梁安装至前纵梁上,装上将前保险杠缓冲梁左右两侧固定到车身上的 8 个螺栓,拧紧至 40~50 N·m,并检查扭矩。

2. 装上将前保险杠缓冲梁左右两侧固定到前端模块上的 6 个螺钉,拧紧至 7~10 N·m,并检查扭矩。

三、前翼子板的安装与间隙调整

1. 将翼子板固定到车身上,不要拧紧螺栓。

2. 调整翼子板和相邻各板之间的间隔,使间隙均匀,此时拧紧将翼子板固定到车身上的 6 个螺栓,拧紧至 7~10 N·m,并检查扭矩。

3. 拧紧将翼子板固定到车身上的 1 个螺母,拧紧至 7~10 N·m,并检查扭矩。拧紧每个螺钉,至相同扭矩范围。

提示

板件之间的间隔,除了有距离的要求,一般还有面差和平行度的要求,需要根据不同车型的维修手册加以确认。

图 3-4-7 安装调整前翼子板

四、发动机舱盖的安装与间隙调整

1. 在另一名维修人员的帮助下，将发动机罩装车定位。

2. 装上将发动机罩与两侧铰链发盖页固定的 4 个螺母，但不要拧紧至额定扭矩。

3. 检查发动机罩定位是否准确，且仔细调整发动机罩的位置，使其与前保险杠蒙皮、前大灯以及前翼子板之间间隙均匀，并使其与前保险杠蒙皮、前大灯以及前翼子板的面差符合技术规范尺寸要求。

4. 调整好后，拧紧 4 个固定螺母至 19~25 N·m，并检查扭矩。

图 3-4-8 安装调整发动机舱盖

五、前保险杠面板的安装与间隙调整

1. 将前保险杠面板固定到车身上，借助帮助，将前保险杠总成装到车身上。

2. 两侧拍入前保险杠左右支架中，上下分别与水箱上横梁和底部导流板的安装孔对齐。

3. 装上将前保险杠固定到前端模块的 6 个螺栓，拧紧至 3~4 N·m，并检查扭矩。

图 3-4-9 安装调整前保险杠

六、大灯总成的安装与间隙调整

将前照灯总成固定到车身上，装上 4 个螺栓，拧紧到 3~5 N·m，并检查扭矩。

试一试

在所提供的维修手册上查询大灯的安装要求及间隙。

 **总结评价**

1. 依据世赛评分规则，完成个人或对其他成员的评价。

表 3-4-1　任务评价表

序号	评价项目	评分标准	分值	得分
1	工作安全	做好个人安全防护，工作帽、线手套、防护眼镜、口罩、耳塞穿戴规范，每项缺失、错误扣1分	5	
2	工具使用	正确运用测量设备，按照要求调节规定的拧紧力矩，每项错误扣1分，操作错误不得分	5	
3	附件的安装	会查询维修手册信息，按照规范完成前车门、前翼子板、大灯总成、发动机舱盖、防撞梁、前保险杠面板的安装，安装的顺序正确，螺栓螺钉安装正确，每项错误或漏做扣1分，操作错误不得分	30	
4	附件的调整	查询维修手册信息，按照尺寸技术规范要求完成前车门、前翼子板、大灯总成、发动机舱盖、防撞梁、前保险杠面板的调整，调整的方法、顺序正确，每项错误或漏做扣1分，操作错误不得分	30	
5	安装品质	间隙均匀、面板平齐、钣金件表面无划痕；前车门与后车门、前翼子板尺寸在允许误差范围（参照维修手册尺寸技术规范要求）；前翼子板与前车门、大灯总成、发动机舱盖、保险杠面板尺寸在允许误差范围（参照维修手册尺寸技术规范要求）；发动机舱盖与大灯总成、前翼子板、保险杠面板尺寸在允许误差范围（参照维修手册尺寸技术规范要求）；保险杠面板与大灯总成、前翼子板、发动机舱盖尺寸在允许误差范围（参照维修手册尺寸技术规范要求）；每项错误扣1分，操作错误不得分	30	

想—想

如果间隙过大会有什么影响？

2. 评分方法：借鉴世界技能大赛车身修理项目的评分方法，根据学生的数量和知识与技能水平，采用情景模拟的模式将学生分成若干小组（每组4~6人），并指定一名组长。各评分小组分别对本模块任务的操作进行过程性、结果性评分。各组将任务评价表由每一个参与评价的组员签字确认后提交给组长妥善保存。

车身修理的黏接和铆接技术

一、什么是黏接？

黏接会用在什么位置？

黏接就是将车身上的金属、合金、非金属等材料，通过黏合剂将零件连接在一起。

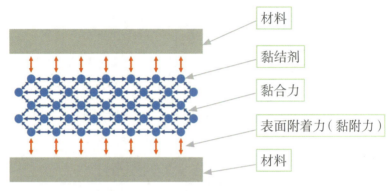

图 3-4-10　黏接原理图

1. 黏附力定义

黏接效果通过黏附力（表面附着力）得以实现，黏附力通常指的是一种物质的附着力。就黏附力而言，还必须综合考虑到机械夹持、物理作用和化学作用。两种物质的黏附能力取决于原子纳米范围内的引力（互相接近），一纳米（nm）等于百万分之一毫米（mm）。

讨论

黏接的强度和焊接比如何？

只有当两种物质在纳米范围内相互接近时，才会"自动"形成最终使两者相互附着的作用力。由于这种以纳米为单位计量的微小距离是构成良好黏附力的基本条件，因此物体表面光滑非常重要。如果原子层面的固体表面非常粗糙（接触点过少），就会导致相互间的附着力相对较小。由于黏结剂在加工过程中处于液体状态，因此可将其作为一种介质，可将其用于填补不平滑的缝隙表面。

2. 黏合力定义

黏合力（内部强度）对于黏结连接的稳定性和强度而言非常重要。只有通过黏结剂的最终强度才能实现黏合力。黏合力通过黏结剂分子之间相互结合而形成，分为：

（1）机械作用力：不同黏结剂分子相互连接夹持。

（2）物理作用力：黏结剂分子间相互作用。

（3）化学作用力：黏结剂分子内部化合。

二、什么是铆接？

铆接是一种用来紧固相同或不同材质的零部件的不可拆式紧固件，通过紧固元件（铆钉）的变形实现连接的方式。与气体保护焊接相比，它在车身修理工作后的腐蚀防护方面具有明显的优势，在铆接过程中不会发生连接件的热变形，因为这是一种冷连接法。

讨论

铆接一般什么时候使用？

一般对于混合结构车身的修理（如某品牌车型的钢铝结构件前纵梁、B柱、后翼子板等）采用铆接和黏接，黏接可以使强度更高并使连接密封。按照车身修理的工艺要求，通常会使用空心铆接和盲铆接两种工艺。

1. 空心铆接

空心铆接期间，在没有进行预钻孔的情况下，使用铆钉件对搭接安装的工件进行连接。在冲压过程中，铆接冲头向下移动并强制中空铆钉通过金属板材上层进入金属板材下层。其使铆钉底座形成铆钉上头，同时对其进行扩展。在这个过程中，金属板材下层没有完全渗透。

（1）定位　（2）固定定位　（3）压入　（4）冲压　（5）成型　（6）到位

图3-4-11　空心铆钉冲压铆接原理图

2. 盲铆接

练一练

前纵梁及附加件铆接固定。

盲铆接是利用抽芯铆钉只需从要连接部件的单面进行连接，并且使用专用抽芯铆钉枪进行紧固。抽芯铆钉包括实际空心铆体（铆钉头在前端）、较长的冲孔芯棒（铆钉头在后端）和预先确定的断裂点。连接过程只从部件的单面（通常为外侧）进行。抽芯铆钉通过钻孔插入，然后铆钉头处的芯棒伸出部分使用抽芯铆钉枪拉出。这会使连接牢固，从而使铆钉在钻孔后方扩展。该过程结束时，芯棒会在铆体范围内在预先确定的断裂点处断裂，并且不会伸出铆钉范围外；然后，芯棒的其余部分位于铆钉枪范围内进行处理。

与热连接方法相比，铆接在防腐蚀方面具有明显优势。与黏接结合使用时，与传统的点焊连接相比，有时会获得更高的强度值。

图 3-4-12　不同材质规格的抽芯铆钉

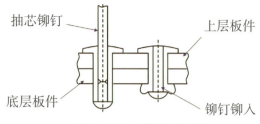

图 3-4-13　盲铆接原理图

抽芯铆钉　上层板件
底层板件　铆钉铆入

思考与练习

1. 使用轨道量规测量时，测量孔的基准如何参考？
2. 附件的安装尺寸过大或过小会产生什么影响？
3. 技能训练：独立完成前车门的安装与间隙调整。

模块四

非结构件更换

非结构件更换主要是将车身非结构性钣金部件，如车身后侧围等遭受损坏的部位切割拆卸，采用正确的焊接流程和方法将新的钣金部件进行更换、接合。

　　本模块融合了世界技能大赛车身修理项目中"非结构件更换"模块的内容，共涉及两个典型任务，分别是后侧围的拆卸、后侧围的安装与焊接。本模块主要介绍对于车身后侧围等覆盖件上难以拉拔修复的损伤进行整体或部分更换，涉及 0.6 mm 薄板的切割、钻孔、打磨、防腐、胶粘、焊接等操作技术以及注意事项。

图 4-0-1　后侧围的切割

图 4-0-2　后侧围的焊接

任务 1　后侧围的拆卸

学习目标

1. 能按要求进行后侧围外板件切割分离。
2. 能按要求进行后侧围与后轮轮罩加强件连接处的除胶。
3. 能按要求进行后侧围与后部结构件的焊点钻除。
4. 能按要求对拆除后板件的变形进行修整。
5. 逐步养成严谨细致、一丝不苟、精益求精的工匠精神。

情景任务

　　在汽车维修车间里停放了一辆因碰撞而受损的车辆，经过维修前的诊断，确认是车辆右后侧围产生变形。车身的侧围总成是一个较大的部件，如果整体更换需要涉及很多没有受损的部件，而拆卸这些部件不但费时，而且还有可能造成不必要的损伤，所以你需要对受损部分的后侧围进行切割拆卸，然后再进行后续修复。

思路与方法

　　车身的外部钣金件通常采用 0.6~0.8 mm 厚度的板件；在发生事故后，多数是可以进行更换的，但因不同厂家的制造工艺和装配工艺不同，可有局部更换和整体更换两种方式。一般需要评估检查车身外部钣金件的损伤程度，拆卸周围相邻部件，依据维修手册要求进行拆卸。

> 想一想
>
> 结构件的厚度一般是多少？

一、车身后部由哪些部件组成？

　　轿车车身后部是指乘客室后侧用于放置行李、物品的那一部分。三厢式车有与乘客室分开的行李舱，而两厢式车的行李舱则与乘客室相通合为一体。主要有后翼子板、后窗柱、后门槛、后侧梁及其后部覆盖件。

　　行李舱盖由上、下外板及内板组成。上外板与后翼子板（即后侧围板）形成车身尾部的上表面和左、右侧表面。下外板与后保险杠、后车灯具组成车身后端面外表，同车身的"脸部"一样，与整车造型协调一致，体现造型特色。内板形状复杂，有纵向、横向、交叉和环状筋条，以增加其刚度。

图 4-1-1　白车身结构

二、后侧围的损伤评估需要检查哪些方面？

检测损伤的过程中，需要目测碰撞的位置，确定碰撞方向及碰撞力大小，并检查可能存在的损坏。对于事故中损坏的车辆，应询问事故发生时汽车的速度和撞车或翻车的部位、方向及角度，了解被撞汽车的撞击形式、位置和角度等情况，以直观的方法确定碰撞损伤的部位和可能波及的区域。还可结合试车和测量仪器对汽车进行全面检查，确认车身底板是否变形，车身是否受到整体损伤和整体扭曲，检查和确认车门开启是否自如等，以确定汽车的损坏程度和修理方式。

查一查

查阅维修手册车身尺寸技术规范，记录右后侧围与相邻部件的标准间隙尺寸。

1. 右后侧围与右后车门：_____

_____。

2. 右后侧围与后保险杠：_____

_____。

3. 右后侧围与后尾门：_____

_____。

图 4-1-2　整车目视检查

仔细检查所有带铰链部件的间隙、面差、平行度以及开启与关闭状态。通过对后地板和后骨架的检查，确定损伤范围。

检查车厢或行李舱内撞击力造成的间接零件损坏情况。

检查转向柱、仪表板、内饰、座椅安全带以及其他内饰件上因驾驶员或货物而导致的损坏情况。

举升车辆，并检查悬挂或辅助车架的损坏情况。

检查车身各部分的变形以及焊缝密封胶的剥落情况。

将测得的数据和系统中的出厂数据相比较,打印出整车所有尺寸变化数据。

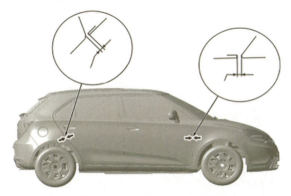

图 4-1-3　目视部件配合间隙

图 4-1-4　检查车厢或行李舱各部位

三、非结构件和结构件更换原则有何区别?

1. 车身更换

当汽车发生严重损坏时,车身整体几乎全部被撞坏,底板严重变形,两侧面、汽车顶盖、发动机舱盖和行李舱盖几乎没有完好之处,判定为车身整体无法修复时,可按照用户需求进行整车车身的更换。在受损车身上拆下全部可用的总成和零部件,对发动机等主要总成进行全面检查和修理。换用新的车身总成和需要更换的全部零部件,按照整车装配工艺重新予以装配。

2. 结构件更换

车身一处或多处损坏的结构性部件,超过一定的损伤程度或腐蚀程度,已无修复价值,或经修复后达不到应有的技术标准和功能要求时,均需要进行结构件更换。

3. 车身局部非结构件更换

当汽车发生碰撞时,损伤只发生在局部,如覆盖车身的前后翼子板、车门、发动机舱盖或行李舱盖受到损伤时,可以进行车身局部更换,达到省事、省时和降低维修成本的目的。

提示

在企业的实际维修中,非结构件和结构件更换时还要考虑车身修复后的安全性和维修成本。

提示

车身损伤部位相关附件拆卸工作是车身修复程序中必须进行的操作，在事故车的损伤评估、校正、板件更换及安装调整等工序时都要进行相关部位的附件拆卸。

提示

若该尾门仍需装配回来，应在铰链处标记参考位置。

四、后侧围更换前相邻外部件拆卸有哪些要求？

对更换后侧围板来说，需要对车身后部的行李舱盖、尾灯、后保险杠护盖、后保险杠支架、装载空间侧板、后排座椅总成、C柱饰板、行李架板、后挡风玻璃等相关部件进行拆卸，对相邻的部位需要使用防火毯做好相应的防护。

1. 拆卸尾门总成及铰链

（1）打开尾门。

（2）断开蓄电池的负极。

（3）将衣帽架拉线从尾门挂钩上松开。

（4）松开尾门风窗玻璃电阻加热丝的接口。

（5）断开尾门上各功能件的线束连接器，松开尾门两侧线束护套，将线束从尾门内腔中抽出。

（6）在助手的帮助下，拆下两侧铰链至尾门的4个螺栓。

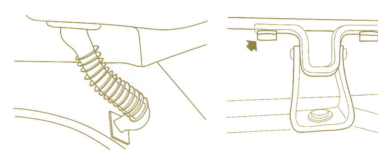

图4-1-5　拆卸尾门两侧线束护套　　　　图4-1-6　尾门铰链螺栓位置

（7）撬开左右两侧气弹簧的钢制弹簧固定卡片，将活塞端的球头座从尾门的球头上拔下，拆下尾门总成。

（8）用非永久性记号笔标记尾门铰链在车身上的位置，以便复装时确认安装位置。

（9）松开车顶内饰板尾门端，以便触及尾门铰链的固定螺母。

（10）拆下将左右尾门铰链固定到车身上的2个螺母。

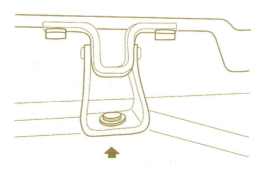

图4-1-7　尾门铰链固定到车身上螺母位置

练一练

线束插头的插拔。

提示

由于尾门重量大，应设置安全装置后进行操作，并要特别注意避免车辆损坏和人身伤害。

（11）拆下尾门铰链总成。

> **注意事项**
>
> 不同车型的尾门拆卸步骤会有所不同。

2. 拆卸后车门及铰链总成

（1）断开蓄电池的负极。

（2）打开后车门。

（3）拧下将车门限位器固定到车身侧的 1 个安装螺栓。

想一想

为什么要断开蓄电池负极？

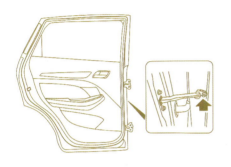

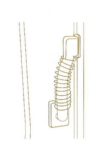

图 4-1-8 车门限位器固定螺栓位置   图 4-1-9 橡皮密封圈位置

（4）撬开车身侧橡皮密封圈，拉出连接器，从而断开连接器接口。

（5）在助手的帮助下，扶住车门外侧，拆下将上、下铰链固定到车门侧的 4 个安装螺栓。

提示

拆卸或安装车门总成时，不要刮伤油漆。

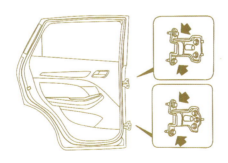

图 4-1-10 上、下铰链固定位置

（6）拆下后车门总成。

（7）从车身外侧拆下将上铰链固定到车身侧的 2 个安装螺栓。

（8）从车身外侧拆下将下铰链固定到车身侧的 3 个安装螺栓。

想一想

车门上的固定螺栓初次拆卸时应注意什么？

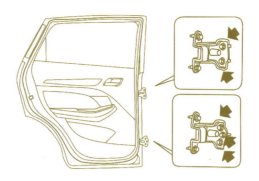

图 4-1-11　车身外侧上、下铰链位置

注意事项

不同车型的车门拆卸步骤会有所不同。

想一想

如果拆卸时线束不小心扯断，应如何修复？

3. 拆卸后组合灯总成

（1）断开蓄电池负极。

（2）用工具撬开后组合灯罩盖。

（3）断开后组合灯连接器②。

（4）拆下将后组合灯总成固定到尾门上的 2 个螺母①。

（5）轻轻撬开尾门饰条，拆下后组合灯总成。

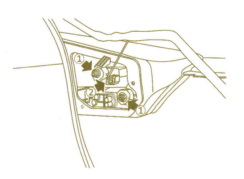

图 4-1-12　后组合灯总成固定到尾门上的螺母位置

注意事项

不同车型的后组合灯总成拆卸步骤会有所不同。

4. 拆卸后保险杠及支架

（1）断开蓄电池负极。

（2）打开尾门。

（3）撬开卡扣和撕开边缘的粘胶，拆下左（右）后轮眉。

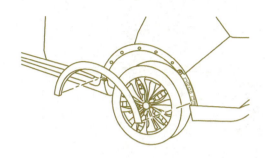

图 4-1-13 拆卸轮眉边缘饰条

想一想

拆卸轮眉与保险杠固定螺钉时，车辆是否需要举升？

（4）拆下左（右）侧后保险杠与左（右）后轮罩衬板的 1 个固定螺钉①，与车身连接的 2 个固定螺钉②。

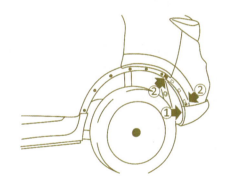

图 4-1-14 后保险杠与左后轮罩衬板固定螺钉位置

（5）拆下两侧尾灯总成。

（6）拆下后保险杠固定到车身上的 4 个固定螺钉。

想一想

为什么拆卸后保险杠前一定要先拆除后尾灯总成？

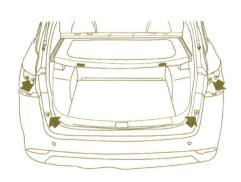

图 4-1-15 后保险杠与车身固定螺钉位置

（7）拆下将后保险杠总成固定到车身底部的 2 个螺钉②及左（右）后轮罩衬板的 6 个螺钉①。

讨论

后保险杠的固定螺栓安装有什么要求？

图 4-1-16　后保险杠与车身底部螺钉位置

（8）将后保险杠与车身分离，断开左右两侧后雾灯线束、倒车雷达线束（如有）和后摄像头线束（如有），取下后保险杠。

（9）如有需要，拆下将后雾灯固定到两侧后保险杠上的 6 个螺钉，即可拆下雾灯。

（10）如有需要，拆下将后保险杠两侧安装支架固定到车身上的 6 个螺栓，即可拆下后保险杠左右两侧的安装支架。

注意事项

不同车型的后保险杠拆卸步骤会有所不同。

后侧围的拆卸

一、确认后侧围切割位置

1. 查阅维修手册相关信息，确定相关的切割要求。
2. 测量后侧围的切割位置并做好标记。

注意事项

不同品牌汽车制造厂商对切割位置的要求不一样，应参考维修手册，如无特殊说明请参照以下切割原则。

（1）距离空腔阻断膨胀胶块 15 mm 以外最短位置切割。

（2）在板件过渡区域较小的位置切割。

（3）内部带加强件部位不允许切割。

3. 标记切割的朝向，使用气动切割锯进行切割。

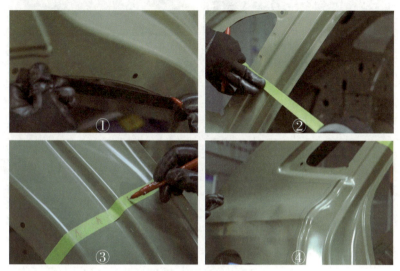

图 4-1-17　确认切割位置

二、确认焊点位置与数量

1. 根据维修手册相关信息，查找车身原厂焊点。

2. 使用记号笔标记，防止去除焊点时多钻漏钻。

> **注意事项**
>
> 　　（1）标记：观察电阻点焊位置，并用记号笔标记焊点，用圆圈标识。
>
> 　　（2）数量：通过标记的方式检查焊点的数量，并记录。
>
> 　　（3）位置：通过观察，围绕板件切除周围，观察焊点位置，例如轮眉、导水槽等处。

三、焊点定位

1. 使用中心冲对焊点进行定位。

2. 定位后仔细检查后侧围所有的焊点，确保没有遗漏。

四、板件粗切割

1. 预先标记后侧围的粗切割范围。

2. 使用粗切割对后侧围进行切割，切割尺寸占整个后侧围的四分之三。

提示

焊点定位的目的是防止焊点去除时钻头移位，从而确保焊点去除的质量和效率。

提示

为了保证车体的强度，存在安装有加强板的部位，在切割接合车身外板的更换作业时，要按照各车型维修手册确定切割接合位置，可采用粗切割的方式提高效率。

图 4-1-18　板件粗切割

五、原厂焊点去除

1. 调节焊点分离钻。安装钻头，将专用润滑油加入焊点分离钻中。准备与车身材料相同厚度的试焊板两片，将其重叠放置，用大力钳夹紧，调整焊点分离钻的深度旋钮进行试钻。

2. 焊点去除。使用焊点分离钻对后侧围的焊点进行去除，如遇到焊点分离钻无法操作的位置，可使用带式打磨机进行去除。

提示

调节焊点分离钻的钻头长度，在条件允许的情况下，可以用拆车件进行调试。

注意事项

钻除焊点时应使用低转速高扭矩模式进行钻除操作。焊点钻除后，焊点处板件已分离且不伤及底层钢板为焊点去除最佳效果。

图 4-1-19　焊点去除

六、后侧围的精切割

1. 根据后侧围板件上预先做好的切割标记，完成后侧围板件的精准切割。

注意事项

切割时注意切割方向，并保证切割预留的距离。

2. 使用热风枪对后侧围与车身结合处的密封胶进行加热去除。

想一想

加热密封胶作业，需要做好哪些安全防护？

> **注意事项**
>
> 　　加热时需注意对密封胶加热的温度不能超过 180 ℃，避免加热过程产生有害气体。

图 4-1-20　精切割　　　　　　图 4-1-21　加热去除密封胶

七、后侧围的分离

使用錾子将之前钻除的焊点处进行錾除并分离板件。

图 4-1-22　后侧围分离

> **注意事项**
>
> 　　当遇到之前焊点钻除不到位的情况，切勿强行錾除板件，这样会使錾除区域变形严重。如遇到该情况需将焊点再次进行钻除，直到能轻易錾除且分离焊点处板件为止，分离后并对变形的部位进行修整。

 **总结评价**

1. 依据世赛评分规则，完成个人或对其他成员的评价。

表 4-1-1　任务评价表

序号	评价项目	评分标准	分值	得分
1	工作安全	打磨时戴好护目镜、口罩、耳塞，错误每次扣2分； 整形时戴好手套、耳塞，错误每次扣2分	10	
2	工具使用	设备不会调试不得分，每项缺失、错误扣1分	5	
3	标记切割尺寸和焊点位置	1. 使用画线针和钢板尺画出切割线； 2. 使用纸胶带标记切割线； 3. 使用记号笔标记切割位置的方向； 4. 标记焊点，并进行定位； 每项缺失扣5分，未做不得分	20	
4	板件分离	1. 根据已标记好的粗切割的位置与区域进行粗切割，不能伤及车身保留部件； 2. 根据已标记好的精切割的位置与区域进行精切割，不能伤及车身保留部件； 3. 精切割不能偏离标记线位置，保持切割缝隙均匀； 4. 调整焊点分离钻的钻除深度，并做试验测试； 5. 焊点去除时，保持低转速高扭矩； 6. 使用热风枪，控制加热温度； 7. 控制錾子的分离力度，不可造成板件过度破损； 每项缺失扣5分，未做不得分	35	
5	分离质量	1. 正确使用打磨工具，选择合适的打磨片； 2. 正确使用钣金锤和垫铁，配合力度均匀； 3. 打磨底板残留焊点，力度均匀； 4. 焊点不能打磨过度； 5. 底板修整后应弧度线条均匀； 6. 底板修整后表面平整； 每项缺失扣5分，未做不得分	30	

想一想

使用热风枪时，温度过低或过高会怎么样？

2. 评分方法：借鉴世界技能大赛车身修理项目的评分方法，根据学生的数量和知识与技能水平，采用情景模拟的模式将学生分成若干小组（每组 4~6 人），并指定一名组长。各评分小组分别对本模块任务的操作进行过程性、结果性评分。各组将任务评价表由每一个参与评价的组员签字确认后提交给组长妥善保存。

拓展学习

后侧围处的异响检查与解决（以某品牌车型为例）

一、症状描述

在颠簸路面上以 20~30 km/h 速度行驶时，车体后部多处位置有响声，但在后侧围位置附近最明显，是"嗒、嗒、嗒"的响声，响声音质较清晰、较实，类似于钢板振动或摩擦的声音。

二、检查分析

检查后侧围内侧及其附近部件，发现后侧围内侧天窗排水管偏长，导致颠簸路面上行驶时与翼子板内侧磕碰，发出"嗒、嗒、嗒"的响声。

三、处理结果

重新安装并调整后侧围处附件的排水管，隔离排水管与后侧围的直接接触后异响消除。

想一想

还有什么情况会产生异响？

练一练

排水管拆装。

图 4-1-23 异响部位及试车路况

图 4-1-24 异响源局部特写

思考与练习

1. 后侧围的哪些部位不允许切割？
2. 如何去除焊点分离钻无法钻除的焊点？有哪些方法？
3. 技能训练：独立完成后侧围的拆卸。

任务2　后侧围的安装与焊接

学习目标

1. 能正确使用大力钳对新件进行固定。
2. 能按要求进行后侧围安装。
3. 能按要求进行后侧围后轮轮罩加强件连接处的打胶。
4. 能按要求进行后侧围连续焊接。
5. 逐步养成严谨细致、一丝不苟、精益求精的工匠精神。

情景任务

　　通过任务1的学习和操作，已经将受损车辆的后侧围拆卸并分离。分离后的旧板件需要按照要求妥善处理，你需要在车身上测量切割部分的位置尺寸，然后在新件的对应位置进行定位切割，经过反复预装和测试后，你才可以把需要更换的新件焊接到车身上。

思路与方法

练一练

请写出后侧围更换的维修手册查询路径：

1.＿＿＿＿＿＿
　　　　　　。
2.＿＿＿＿＿＿
　　　　　　。
3.＿＿＿＿＿＿
　　　　　　。
4.＿＿＿＿＿＿
　　　　　　。

　　不同车型的非结构件存在设计差异，所以后续的装配、焊接要求也往往不同。一般需要查询维修手册中的相关信息，根据原设计要求对车身后侧围新板件进行切割，做好新件焊接前的清洁和防腐处理，准确地安装到车身上并完成焊接，将新件和车身接合在一起。

一、后侧围新件的切割部位如何判断？

　　车身钣金件主要有车身结构件和车身覆盖件两类，车身结构件对车身整体性能影响较大，车身覆盖件主要体现外部形状。因此对车身结构件的修理与更换，一定要慎重，一定要确保修理质量。一般情况下，新板件切割的位置是在对车身的结构、强度及形状综合考量后决定的，必须依照维修手册当中指出的切割部位来进行切割。

　　车身钣金件属于可修理部件，但对于严重损伤的钣金件，例如结构件，修理很难恢复到事故前的状态，应更换；对于覆盖件，严重损伤时往往修复比较困难，也应考虑更换。

但是什么样的损伤算是严重损伤，却不太好判断。经过大量的研究，终于得出关于损伤非结构件的修理或更换的一个简单的判断原则，即"弯曲变形就修，折曲变形就换"。

弯曲变形的特点：损伤部位与非损伤部位的过渡平滑、连续；通过矫正可以使它恢复到事故前的状态，而不会留下永久塑性变形。

折曲变形的特点：弯曲变形剧烈，曲率半径（弯曲半径）小于3.2mm，通常在很短的长度上弯曲90°以上，矫正后，零件上仍有明显的裂纹或开裂，或者出现永久变形带，不经过调温加热处理不能恢复到事故前的状态。

将新板件预装到车身上并调整位置尺寸，并参照车身上原有的孔位进行比对，以确保新板件处于正确位置。

新板件预装之后，确认其和周围板件的间隙和高低面差。

查一查

查阅前后门的标准间隙。

提示

调整新板件的位置，使后门间隙及冲压线的配合能够达到最佳状态。

图 4-2-1　比对孔位

图 4-2-2　调整间隙

新旧板件重叠切割，切割时需重点防止切割到车身内部的加强件。

二、后侧围新件焊接前的要求有哪些？

1. 车身新板件的处理

打磨新板件所有焊接和涂胶的部位以去除电泳底漆层。

讨论

如果电泳底漆层处理不干净会怎么样？

> **注意事项**
>
> 焊接前车身旧板件的处理同样也十分重要。（1）用热风枪清除所有残留密封胶，严禁使用明火加热，以免产生有毒烟气。（2）用手锤和垫铁修平所有的面板凸缘。

打磨车身上所有焊接和涂胶的部位以去除旧漆、毛边和锈斑（距离焊接口 20 mm 处除漆），但不能打磨对接口横截面。

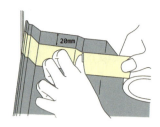

图 4-2-3　标记焊接处电泳底漆涂膜去除范围

清洁新板件及车身所有需要焊接和打胶的部位，并等待 5~10 分钟让清洁剂彻底挥发。

新板件及车身所有不需要打胶的焊接接合面喷涂锌喷剂，并控制锌喷剂厚度。

2. 涂抹结构胶

涂抹结构胶之前应先打出并废弃 10 cm 左右混合不充分的胶。为保证黏接强度，必须在结构胶规定的操作时间内完成焊接，否则将影响板件接合效果。

三、后侧围新件安装尺寸的定位有哪些要求？

后侧围新板件在正式焊接前，必须保证其尺寸正确，新板件安装到车身上之后需要再次进行位置尺寸调整，并参照原有的车身位置进行孔位比对、间隙调整、板件面差调整和筋线位置确认。

避免在筋线位置做定位焊接，以防止焊接时出现熔深不足的现象。定位焊接的位置应选择在筋线的两侧。

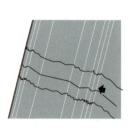

图 4-2-4　检查确认筋线位置

图 4-2-5　定位焊接

注意事项

（1）利用跳焊的方法将焊缝固定，降低热量。

（2）一边使用刮刀和螺丝刀等工具调整面差，一边进行定位焊接。

焊接顺序：为了减少焊接分流导致的焊接强度下降，建议从双面点

想一想

锌喷剂喷涂过厚、过薄会有什么影响？

试一试

切割一段 200 cm 的薄板，直线度偏差不超过 1 mm。

讨论

跳焊的间距如何控制？

焊开始焊接，并按图 4-2-6 所示顺序进行。

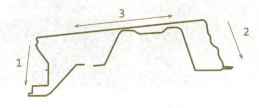

图 4-2-6　焊接顺序

后侧围的安装与焊接

一、后侧围新件的粗切割

1. 检查新的后侧围板件，用直尺测量后侧围新件的切割位置。
2. 用纸胶带对切割位置进行标记。

二、后侧围新件的定位切割

1. 将粗切割完成的后侧围新件安装至车身上，调整并检查贴合度，使用大力钳进行固定。
2. 参照纸胶带标记的切割线位置进行后侧围的定位切割。

气动切割锯

图 4-2-7　定位切割

三、车身及新件处理

1. 使用打磨机对车身轮罩处的结构胶及焊点残余部位进行打磨。
2. 打磨去除后侧围板件上接合部位的漆膜。

四、新件定位

1. 安装新件至车身上进行定位比对，根据维修手册中的尺寸信息，测量后侧围的安装尺寸。
2. 检查新件与车身之间筋线、平面、安装孔的位置关系是否正确。

想一想

新件定位的尺寸检查需要参照哪些基准？

图 4-2-8　新件定位

五、标记焊点与填孔焊位置

根据维修手册信息，将焊点的位置标记出来。

需注意标记的位置：

（1）焊点位置应该处于板件凸缘的中心位置。

（2）焊点间的距离一般为 25~40 mm 之间。

（3）焊点的数量需要依据维修手册确定。

（4）无法实施电阻点焊的位置使用填孔焊代替。

（5）钻孔位置应该处于板件凸缘的中心位置。

（6）焊点间的距离一般为 30 倍的板厚（外板件填孔焊间距一般约为 25 mm）。

图 4-2-9　标记焊点与填孔焊位置

六、板件钻孔

使用气动钻，对需要填孔焊接的位置进行钻孔操作。

七、板件清洁与防腐处理

使用蘸有除油剂的无纺布清洁打磨后板面上的灰尘和油膜。

图 4-2-10　清洁防腐

八、板件电阻点焊

1. 进行电阻点焊试焊并检测焊点质量，检测调节好的焊机参数以

提示

新件钻孔后，应将孔边缘的毛刺去除干净，保证焊接的质量。

讨论

为什么不能来回擦拭？

及焊接的强度是否符合要求。

点焊焊接后的焊点的外观标准：

（1）焊核直径约为 5 mm，且焊核为规则的圆形。

（2）焊核周围的热影响区约为 1 mm，且焊核热影响区的形状为圆形。

2. 依据维修手册要求，进行后侧围的电阻点焊操作。

图 4-2-11　电阻点焊

电阻点焊焊接注意事项：

（1）焊接时需注意人员及车辆的安全防护。

（2）焊接时需保证板件间不能有间隙。

（3）焊接时需采用跳焊方式，以减少热变形。

（4）焊接时电极臂需垂直于焊接板面。

（5）焊接时严格按照焊点标记位置进行焊接，防止焊接位置及焊点数量错误。

（6）焊接时焊点间距需按照焊点标记位置焊接，防止因焊接间距过大导致整体强度不足，或因焊接间距过小出现电流无效分流从而导致单个焊点强度不足的现象。

九、板件气体保护焊接

1. 通过智能虚拟焊接设备进行填孔焊焊接手法的规范性测试，确保操作人员的焊接距离、焊接角度、焊接速度合理，保证实际的焊接质量。

2. 调节好焊机参数且试焊符合要求后，使用气体保护焊机对车身上需要进行填孔焊的位置进行填孔焊焊接接合。

想一想

焊接角度控制在多少？

图 4-2-12　板件焊接

焊接时需要注意以下事项：

（1）焊接前需确认板件的筋线、板面等尺寸对位准确。

讨论

板件间隙过大、过小会怎么样?

（2）对接焊接时需确保焊接板件间隙为 0.5~1 mm 最佳。

（3）对接焊接前需对焊接焊缝进行定位焊，定位焊点的间距约为 30 倍板厚（间距为 20~40 mm）。定位焊的作用是避免在焊接过程中产生热变形或板面间的高低差。

（4）焊接时需采用跳焊方式，以减少焊接热变形。

 总结评价

1. 依据世赛评分规则，完成个人或对其他成员的评价。

表 4-2-1　任务评价表

序号	评价项目	评分标准	分值	得分
1	工作安全	做好个人安全防护，工作帽、线手套、防护眼镜、口罩、耳塞穿戴规范，每项缺失、错误扣 2 分	10	
2	工具使用	正确使用气体保护焊机、切割工具，每项错误扣 5 分，设备不会调试不得分	10	
3	新板件准备	根据要求画线、切割，对纸胶带标记的切割线位置进行切割，切割后的板件边缘形状与车身对接板件需吻合，切割缝隙要均匀，接合区域完全打磨，每项错误扣 3 分，未做不得分	15	
4	新板件定位	测量安装的尺寸正确，安装孔的位置及缝隙得当，每项错误扣 2 分	20	
5	焊接技能测试	会调节虚拟焊机，规范使用，焊接后能达到评分要求，依据虚拟焊接评分标准进行评分，未做不得分	15	
6	板件接合	焊点圆度，要求失圆 ≤ 1.5 mm，数量正确，位置正确（误差大于 ±2 mm 为失误一次）；焊疤直径、正面焊疤高度、背面焊疤熔深符合要求，注意是否出现咬边、填满（焊穿）现象，每项不符合扣 2 分	20	
7	工作习惯	工作场地整齐、关闭焊接设备、完成后做好 5S 管理，每项缺失、错误扣 2 分，扣完为止	10	

想一想

失圆和未填满分别会造成哪些影响?

2. 评分方法：借鉴世界技能大赛车身修理项目的评分方法，根据学生的数量和知识与技能水平，采用情景模拟的模式将学生分成若干小组（每组 4~6 人），并指定一名组长。各评分小组分别对本模块任务的操作进行过程性、结果性评分。各组将任务评价表由每一个参与评价的组员签字确认后提交给组长妥善保存。

拓展学习

后侧围的胶粘铆接工艺流程（以某品牌车型为例）

一、准备工作

准备所需工具，检查黏接部件与黏合剂组套内各组件的完整性、车间温度等。

> **注意事项**
>
> 环境温度应为 15~35 ℃，黏合剂温度应为 18~28 ℃，超出以上温度会影响粘胶效果和混合时间。

讨论

胶粘铆接与焊接相比有什么好处？

二、板件表面打磨和清洁处理

用蘸有除油剂的无纺布彻底清洁黏接面，应使用制造商维修手册要求的清洁剂。

练一练

查阅黏合剂使用说明书。

三、准备胶枪

连接混合管，挤出大约一个混合管长度的黏合剂以确保混合均匀，再挤出一个混合管长度的黏合剂作为参考，混合比应为 2：1（体积）；注意温度限制。

图 4-2-13　电动胶枪

图 4-2-14　黏合剂挤出混合

四、板件打胶

除油剂干燥后应立即涂胶，在 30 分钟内将板件与车身连接并固定在一起。随后，在接下来的 60 分钟内完成其他接合操作（如点焊、铆接）。

图 4-2-15　后侧围新板件打胶

讨论

涂胶后能立即
黏合吗？

注意事项

（1）环境温度在 15~25 ℃之间时，必须在 30 分钟内完成涂胶工作；在随后的 30 分钟内完成连接工作。

（2）环境温度在 25~35 ℃之间时，必须在 20 分钟内完成涂胶工作；在随后的 30 分钟内完成连接工作。

（3）环境温度在 35 ℃以上或 15 ℃以下时，不能进行涂胶操作。必须严格遵守时间和温度要求。

想一想

铆接时有哪些
注意事项？

五、板件铆接

正确连接冲压铆接设备的控制软管和压缩空气接头。将指定型号的铆接芯轴和凹模安装在铆接座内并拧紧，确保铆钉指向正确方向。在样板上测试冲压铆接连接，按照标记的铆接位置进行正确的铆接作业。

图 4-2-16　冲压铆接设备　　　　图 4-2-17　后侧围铆接操作

思考与练习

1. 板件的粗切割和精切割有何不同？如何选择和应用？

2. 填孔焊和连续对接焊的焊接要求具体有哪些？

3. 技能训练：独立完成后侧围的新件安装与焊接。

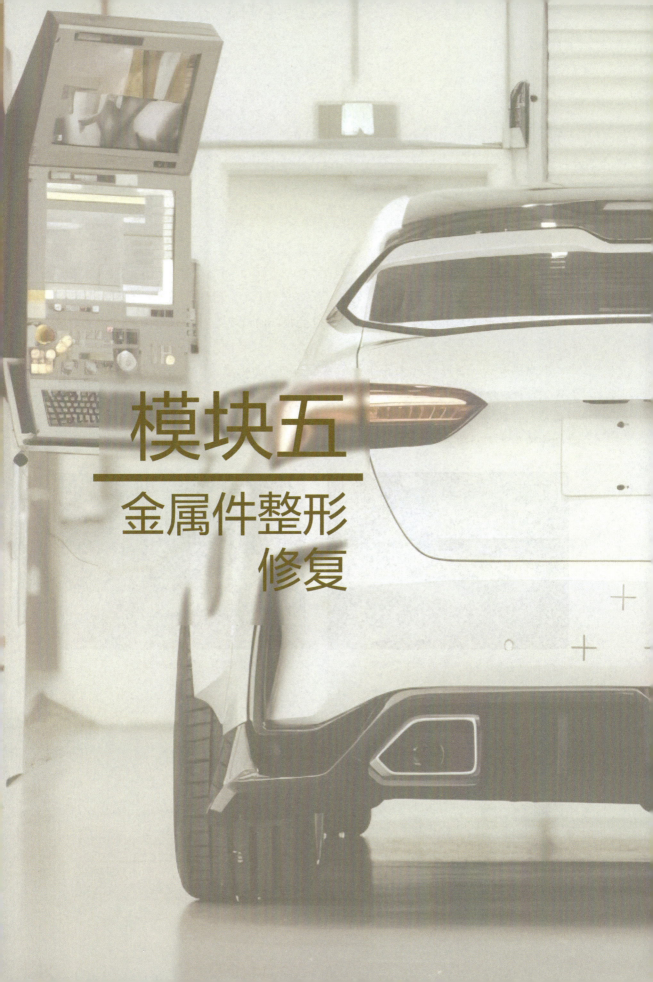

模块五

金属件整形修复

金属件整形修复主要是将因各种原因遭受损坏的汽车车身面板修复到可以重新喷漆阶段。

　　本模块融合了世界技能大赛车身修理项目中"面板修复"模块的内容，共涉及两个典型任务，分别是后侧围的凹陷修复、铝制前舱盖的修复。主要介绍受损后侧围和铝制前舱盖的手锤垫铁配合使用的操作、撬棒修复的操作、车身整形机的操作方法、操作要领及注意事项。

图 5-0-1　后侧围面板整形修复　　　　　　　图 5-0-2　铝制前舱盖整形修复

任务 1　后侧围的凹陷修复

学习目标

1. 能正确使用手锤与垫铁修复后侧围损伤。
2. 能正确使用撬棒修复后侧围损伤。
3. 能正确使用手动工具与车身整形机配合修复后侧围损伤。
4. 能按要求对所修复区域进行打磨，并且有层次地出现羽状边。
5. 逐步养成严谨细致、一丝不苟、精益求精的工匠精神。

情景任务

　　现有一辆后侧围受损的车辆需要进行维修，经过损伤评估，该车辆的右后侧围的局部受到剐蹭变形，出现凹陷。通过初步诊断，你确认受损部位不需要进行拆卸更换，只需要借助手动工具和车身整形机配合，即可将后侧围剐蹭变形的部位进行修复。

想一想

后侧围受到剐蹭，可能会使哪些部位产生波及损伤？

思路与方法

　　一般车身外部覆盖件大多数以强度在 180~320 MPa 以内的低碳钢为主，因这种强度的钢板加工性能较好，使用一般的工具和设备就可以完成修复。但在修复前需要判断出钢板的损伤类型，评估损伤的变形情况，然后选择正确合适的工具，采取正确的方法进行维修。

一、钢板的损伤变形有哪些类型？

　　修理变形的板件时，需要利用钢板的特性，使其收缩或延展。充分了解钢板的特性，针对钢板特点进行合理有效的修复作业，会达到事半功倍的效果。

1. 钢板的弹性形变

　　钢板受外力作用产生形变后，如果去除外力的作用，变形就会消失，恢复至原来的形状，这种变形称为弹性形变。

试一试

按照图 5-1-1 所示弹性形变图例，对钢板进行施力，再去掉外力，观察钢板的变化。

施力

当力撤销后，钢板恢复其原有形状

图 5-1-1　钢板的弹性形变

想一想

什么是钢板的加工硬化？在板件生产和修复中起到什么作用？

2. 钢板的塑性形变

钢板受外力作用产生形变后，即使去除了外力的作用，也恢复不了原来的形状，留有变形，这种变形称为塑性形变。变形后恢复不了原样的特性叫作塑性。汽车的车身及钢制部件就是利用塑性形变，经冲压加工制成的。

施力过度

变弯曲

图 5-1-2　钢板的塑性形变

3. 弹性形变恢复

变形中同时存在着弹性形变和塑性形变，若消除力的作用，弹性形变的部分就会恢复原样，这种特性叫作弹性形变恢复。修理的时候，需要把它牢记于心并加以灵活运用。

图 5-1-3 所示是试验机拉伸钢板直至断裂的过程图。在 P 点除去载荷后，从 O-P 减少至 O-E。O-E 为塑性形变，E-P 为弹性形变（弹性形变恢复）。

想一想

变形中同时存在着弹性形变和塑性形变，应该先要修复弹性形变的部位还是塑性形变的部位？

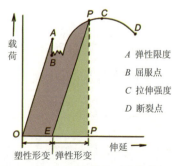

载荷

A 弹性限度
B 屈服点
C 拉伸强度
D 断裂点

塑性形变　弹性形变　　伸延

图 5-1-3　钢板的弹性形变恢复

如图 5-1-4 所示，发生了大面积凹陷的板件，如果消除了 *A* 部塑性形变部位的变形，其他变形较大的部分会依靠钢板自身的弹性恢复原样。因此，有效地利用弹性修正板件是十分重要的。

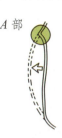

图 5-1-4　*A* 部塑性变形部位

想一想

不去掉 *A* 部的塑性形变，直接修复其他变形部位，钢板是否能够恢复原样？为什么？

二、如何进行车身面板损伤的检查评估？

修理（也可以说是复原）变形的车身外板，可以从外观来感知，操作原理并不复杂。在修理车身外板时，一般很容易制定出"首先采取用手锤和垫铁敲平凹陷最严重的部位，然后将其恢复至原有状态"的作业顺序。可是，正如我们学过的钢板特性一样，在修理车身外板时，敲击部位会发生延展、变形，造成新的损伤，而修理新的损伤就得花费更多的时间。因此，确认损伤的作业步骤就变得尤为重要了，它可以避免不必要的返工和工时浪费。"确认损伤"是指在作业前仔细地观察损伤的状况，制定出该变形状况的最佳修理作业顺序。

1. 清洁

修理作业之前必须进行清洁。如果凹陷周围附着了灰尘和泥土，就会影响判断何处是造成变形的原因，变形部位伸延至何处。清洁的板面不仅易于确认变形状况，而且有助于提高修理作业的效率。

2. 目视观察

利用钢板表面反射的光线来观察损伤范围和变形的类型。在此阶段检测操作区域和周围的零件是非常重要的，因为一旦实施维修之后，将很难判断正确的损伤区域，若没有维修到真正的损伤区域，将造成喷涂面不平整。

提示

为能够精确确定损伤的面积，应尽可能地对损伤区域进行由远及近、多位置、多角度的观察。

塑性　　　　　塑性

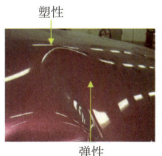

弹性

图 5-1-5　利用钢板表面反射光线观察变形

提示

为了正确判断小的凹陷，手掌必须覆盖大的面积，先从未受损的区域触摸至受损区域，再过渡至未受损区域，来回交叉呈米字型触摸。

3. 触摸与按压检查

从各个方向触摸损伤区域，不要施加任何力量在你的手上，并且要专心体会手的感觉。同时要留意用手按压车身外板变形部位的活动情况。

图 5-1-6　触摸检查损伤

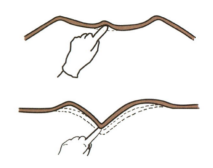
图 5-1-7　按压检查损伤

三、面板修复工具如何选用？

1. 手锤的选用

选用什么样的手锤，应根据被修整部位的变形情况及材质特点来决定。对于钢制薄板件上较大的凹陷，可以选用钣金锤、木槌或硬质橡胶锤进行敲击；对于维修板件上的小凹陷，需要使用整平锤逐个轻微敲击以修平这些微小的凹陷。因此，应根据车身板件表面形状、板件厚度以及变形的大小，来合理选择钣金锤的尺寸和锤顶曲面的隆起高度。一般平面或稍许曲面的钣金锤适合于修复平面或低幅度隆起表面。通常建议使用小圆弧度的手锤。

提示

大多数锤子端部都稍微呈曲面，所以锤子端部与金属的实际接触只有直径为 10~13 mm 的圆面积。

提示

一般建议垫铁表面的圆弧度约为钢板原始弧度的 80%。

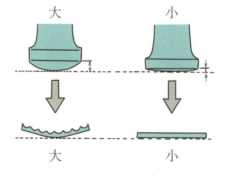

大　　　　小

大　　　　小

图 5-1-8　手锤表面的圆弧度

2. 垫铁的选用

选择垫铁时要注意足形铁或撬棒的弧度必须接近或小于所修理钢板的弧度。垫铁平面端不可置于钢板的弧面，因为垫铁的尖端会在面板上留下伤痕。

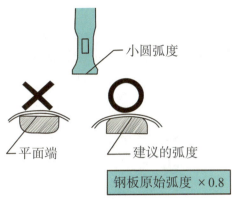

图 5-1-9　垫铁的选择

3. 撬棒的选用

用于修复车身板件损伤的方法有很多，可以用撬棒撬起板件中的凹痕，也可以将撬棒插入手臂难以触及的部位，替代垫铁使用。不同的撬棒可与不同的板件形状配合使用，图 5-1-10 所示为撬棒在不同作业情况下的选用。

图 5-1-10　撬棒的选用

提示

使用撬棒进行作业时，匙形铁的前部刀刃不可过于锋利，以防止板件受到二次损伤。

四、面板整形敲击有哪些方法？

1. 实敲法（直接敲击）

实敲是指垫铁的位置和手锤敲打的位置相同。如图 5-1-11 所示，将垫铁置于钢板凸出部位的内侧，然后使用手锤敲打凸出部位，当凸起部位复原后将会发生实敲。实敲会产生"叮、叮、叮"的清脆响声，并且随着力度的加重使得钢板发生延展。

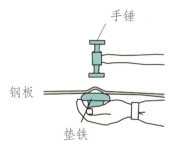

图 5-1-11　实敲法

想一想

采用实敲法时，垫铁和手锤的力度如何配合？

提示

一般实敲（直接锤击）是在使用虚敲（间接锤击）修正较大的凹陷后，再用来修整细微的凹陷。

2. 虚敲法（间接敲击）

在虚敲（间接敲击）中，垫铁被按压在变形区域下段，而锤子则敲击变形区域上段，这种敲击方法有时也被形象地称为错位敲击。虚敲只会使钢板发生变形，不会产生延展。

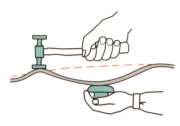

图 5-1-12　虚敲法

后侧围的凹陷修复

一、损伤判断

1. 利用目测观察、触摸和按压等方法检查后侧围的凹陷变形情况。

2. 使用记号笔标记出损伤区域。

二、制定修复方案

根据损伤判断的结果，制定修复方案。

图 5-1-13　损伤判断　　　　图 5-1-14　制定修复方案

三、外板粗整形

1. 将撬棒或垫铁插入后侧围损伤部位的背面。

2. 对准后侧围凹陷背面部位用力顶起，进行初步恢复。

> **注意事项**
>
> 　　没有对准损伤部位就进行修复，可能会造成更严重的损伤。

四、凹痕修复

1. 利用虚敲法，借助撬棒或垫铁修复后侧围平面部位的凹陷损伤。

2. 将垫铁从内侧抵住车身外板凹陷部的中心，用锤子轻轻敲击凹陷部位周围的塑性形变区域，同时将垫铁从内用力向外顶出。

想一想

垫铁如何选择？

> **注意事项**
>
> 　　如果垫铁向外顶出的力量不足，锤子敲击的部位只会产生凹陷，起不到修正效果。

3. 如果是筋线凹陷，要利用虚敲法，借助撬棒或垫铁修复损伤。

图 5-1-15　凹痕修复

> **注意事项**
>
> 　　不要试图一次找出筋线，要从端部开始逐步地找出。

五、整平修复

1. 利用实敲法，将垫铁贴合至受损部位背面，用锤子轻轻敲击。

2. 整平修复作业时，特别要注意垫铁和钣金锤配合敲击的力度，不可在同一部位频繁敲击，否则容易造成车身外板延展，产生崩弹。

图 5-1-16　整平修复

> **注意事项**
>
> 　　进行整平修复作业时，可以使用边敲击边触摸检查，直至板件表面平整。

六、去除表面漆膜

标记出打磨范围，打磨范围的尺寸要根据损伤的情况确定，使用打磨机去除凹陷修复部位的漆膜，并且要打磨出羽状边，以便后续进行喷漆作业。

注意事项

保证将漆膜彻底去除干净，并用无纺布去除表面漆膜粉尘。

图 5-1-17　去除表面漆膜

想一想

整形修复机需要调节哪些参数？焊接的电流过大或过小会造成什么影响？

七、整形修复机参数调试

调节整形修复机参数，选择修复模式，进行试焊。

图 5-1-18　参数调试

八、整形修复机拉拔修复

1. 安装拉拔锤，对后侧围的凹陷部位进行焊接拉拔修复。

注意事项

每次拉拔的力度不可过大，否则会造成板件出现高点；也不可在同一点进行多次焊接拉拔，否则容易出现烧穿。三角介子片应与拉拔部位保持垂直，不可上下或左右倾斜。

图 5-1-19　拉拔修复

2. 将整形修复机调节为高点收火模式，调节焊接电流与焊接时间，触摸查找高点部位，对高点进行收火。收火时应将铜棒垂直轻轻压在高点上，再按压焊枪手柄开关。

注意事项

高点收火后立即使用吹尘枪进行冷却。

3. 利用按压法和钢直尺测量法来判断板件崩弹、延展情况。

4. 调节整形修复机为碳棒收火模式，调节焊接电流，开始进行碳棒收火。收火时碳棒应与崩弹部位保持倾斜，并采用由外向内画圈的方式进行收火加热。

注意事项

收火后使用吹尘枪冷却，不建议使用水冷却。

九、修复区域碳棒收火后的打磨

使用打磨机对后侧围修复区域进行打磨，打磨时要去除拉拔以及收火的痕迹，打磨出金属光泽，并且要打磨出羽状边。

注意事项

打磨时间不应过长，否则可能磨穿板件。

想一想

铜棒高点收火的原理是什么？收火的要领有哪些？

想一想

钢板的崩弹和延展具体的表现有何不同？

想一想

碳棒收火的原理是什么？收火的要领有哪些？

图 5-1-20 打磨修复区域

总结评价

1. 依据世赛评分规则，完成个人或对其他成员的评价。

表 5-1-1 任务评价表

序号	评价项目	评分标准	分值	得分
1	工作安全	打磨时戴好护目镜、口罩、耳塞，整形时戴好棉手套、耳塞，每次错误扣2分	10	
2	工具使用	设备不会调试不得分，每项缺失、错误扣1分	4	
3	工作习惯	工作中场地整齐，工具不落地，完成后做好5S管理，每项错误扣2分	6	
4	形状控制	样板1—6，每条低于卡板：≥1.0 mm扣3分，≥1.5 mm扣6分，高于卡板不得分；样板7，低于卡板：≥1.0 mm扣3分，≥1.5 mm扣6分，高于卡板不得分；样板4号横卡板与5号横卡板之间的轮廓和形状，≥0.5 mm扣2分，≥1.0 mm扣5分，高于卡板不得分；6号横卡板与打磨区域下边缘之间的轮廓和形状，低于卡板：≥0.5 mm扣2分，≥1.0 mm扣5分，高于卡板不得分	52	
5	平整度	每个凹坑扣1分，每个高点扣3分，扣完为止	10	
6	各类缺陷	张力不足每处扣2分，崩弹每处扣4分，扣分上限为6分；每处额外损伤扣2分，扣分上限为6分；打磨圆角矩形，每处未达标扣1分，每处未打磨扣2分，扣分上限为6分	18	

练一练

卡板制作。

2. 评分方法：借鉴世界技能大赛车身修理项目的评分方法，根据学生的数量和知识与技能水平，采用情景模拟的模式将学生分成若干小组（每组 4~6 人），并指定一名组长。各评分小组分别对本模块任务的操作进行过程性、结果性评分。各组将任务评价表由每一个参与评价的组员签字确认后提交给组长妥善保存。

拓展学习

汽车车身板件免喷漆修复

免喷漆修复（Paintless Dent Repair，PDR）是一种车身小凹坑维修方法。若漆面没有损伤，即使受损面积非常大，也可以使用此种方法进行修复。

采用 PDR 修复技术，可以修复包括麻点、车门变形等各类车身损伤。相对于传统修复工艺，该工艺不损伤原厂车漆且省时高效，但要掌握该技术，对技师的知识水平和技能要求非常高。

讨论

免喷漆修复的优点还有哪些？

图 5-1-21　免喷漆修复

1. 免喷漆维修专用工具

PDR 利用撬棍、楔子等各种工具将凹坑顶出 / 拉出。工具套装包括各种维修小组件，每个小组件均包含各类工具。除此以外，维修时还会用到其他工具，比如镜子、灯光等。

2. PDR 拉拔套装

根据品牌供应商的不同和客户的不同需求，PDR 拉拔器套装内一般包含有拉拔器、滑锤、拉环、胶枪、胶棒等。

想一想

所有的车辆都能进行免喷漆修复吗？

图 5-1-22　PDR 拉拔

3. 免喷漆维修要领与要求

要成功完成维修，有几项注意要点：

（1）油漆的弹性。

（2）材料的延展度（铝、钢、塑料等）。

（3）凹坑位置，是否便于接触到。

（4）若油漆比较脆，则 PDR 维修成功率会非常低。而对于油漆已经损坏的地方，则不适用 PDR 维修。

（5）PDR 技术常常应用在平整的浅损伤处。若板件已存在严重的褶皱变形，或油漆剐蹭或皴裂严重，同样不适用 PDR 维修。

（6）对于无法碰触到的区域，则必须事先拆除外部遮挡的部件。

想一想

你还知道哪些新的钣金修复技术？

思考与练习

1. 当板件同一部位存在多处弹性形变、塑性形变，该如何修复？

2. 板件若因收火时被电流击穿，该如何补救？板件的防腐问题如何解决？

3. 技能训练：独立完成后侧围的凹陷修复。

任务 2　铝制前舱盖的修复

 学习目标

1. 能正确使用手动工具对铝制前舱盖进行修复。
2. 能正确使用铝整形机对铝制前舱盖进行修复。
3. 能按要求调整电流并安装铝植钉。
4. 能按要求进行铝制前舱盖损伤部位的加热。
5. 逐步养成严谨细致、一丝不苟、精益求精的工匠精神。

 情景任务

想一想

铝制车身面板和钢制车身面板修复有何区别?

　　现有一辆受损的车辆,经过现场人员的初步诊断,该车的前舱盖受损,受损车身的前舱盖为铝制,并且表面产生凹陷变形。作为车身修复技术人员,你确认不需要进行拆卸更换,但是需要借助手动工具并配合铝整形机,将铝制前舱盖凹陷变形的部位进行修复。

 思路与方法

　　由于铝的韧性较差,不能使用钢制板件的修复方法进行修复,否则会出现裂纹或断裂,会影响板件的整体维修质量。因此,对于修复铝板件首先要能判断可修复的等级和修复的要求,再根据损伤情况制订正确的修复计划。

一、铝制板件修复和更换如何区分?

讨论

你见过哪些使用铝制板件的车辆?

　　铝制板件的修复与钢制板件的修复流程基本相同,其修复的方法均是借助手锤和垫铁或以撬棒和錾子对受损区域进行修复作业,最大区别是由于铝合金材料的特殊性,导致了铝板件损伤可修复的部位更加受限。

表 5-2-1　铝制板件修复和更换的区分

修理方式	损坏程度	修理方法
修复	铝合金表面凹损，但无延展现象	表面凹痕面积 ≤ 10 cm²，深度 ≤ 5 mm，建议维修
	刮伤，无较大塑性形变	长度 ≤ 20 cm，深度 ≤ 5 mm，建议维修
	筋线部位损伤	无明显塑性形变，损伤深度 ≤ 15 mm，建议维修
更换	凹陷、撕裂位于车身线条上，且应力集中	建议更换板件
	破裂或穿孔	撕裂 ≥ 7.62 cm，孔洞 ≥ 5 mm²，建议更换板件
	维修后达不到厂家标准，或强度、质量无法保证	建议更换板件

二、铝制板件修复的要求有哪些？

当铝外板受到一定程度的损伤，超过标准范围值，或者修复后不能达到原有强度和质量的，应对受损部件进行修复或总成更换（一般生产厂商不建议维修，只有个别生产厂商允许维修）。

想一想

铝板件修复需要做好哪些防护？

图 5-2-1　铝板件损伤严重（破孔或断裂）

想一想

面板和内层结构同时发生变形时，内外层的分离如何操作？需要注意什么？

对于钢制板件，当面板和内层结构同时发生变形时，可以采取内外层分离，分别修复，然后再折边咬合的修复方法。而对于铝制板件，由于铝的韧性较差，不能使用这种方法，否则折边部位会出现裂纹或断裂，会影响板件的整体维修质量。

图 5-2-2　铝板件出现分离情况

修复钢板件时一般应尽量避免加热，以免降低钢板的强度，而在修复铝板件时，必须利用加热的方法增加铝板的可塑性。在对铝板进行加热前，应使用温度试纸或红外测温仪对加热部位进行实时监控，以便在加热过程中掌控加热部位的温度变化。

想一想

铝板件维修时不进行加热，是否能修复？加热的温度如何控制？

图 5-2-3　铝板件修复加热处理

当铝制板件发生延伸时，应采取热收缩法进行处理，可使用热风枪对延伸部位进行加热，加热后可用压缩空气冷却。

想一想

铝板件应使用什么工具进行收火？

图 5-2-4　铝板件加热后用气枪冷却

提示

用于钢板维修的收缩锤不能在铝板上使用，否则容易造成铝板开裂。

另外，在铝合金板件修复时提供了多种材质的手动工具，如橡胶锤、木槌、铝钣金锤、钢丝刷等，可根据实际需求选择合适的工具进行整形。但是需要注意的是，修复铝板件的工具和修复钢板件的工具不能混用，以免残留在铝板件表面的细小钢屑与铝板件发生电化学腐蚀。对于铝板上的隆起部位，可以用橡胶锤（或铝钣金锤）或木槌配合使用橡胶垫铁（或塑料垫铁）进行错位敲击（虚敲），敲击时尽量避免实敲或用金属修复工具进行敲击，以减少铝材的延展。如必须采取实敲，应多次轻敲，否则将会加重铝材的损伤。

三、铝制板件修复的工具有哪些？

1. 铝车身专用气体保护焊和介子机

由于铝的熔点低，易变形，焊接要求电流低，所以必须采用专用的铝车身气体保护焊。介子机也不能像普通介子机一样去点击拉伸，只能采用专用的铝车身介子机焊接铝植钉，使用铝植钉拉伸器进行拉伸。

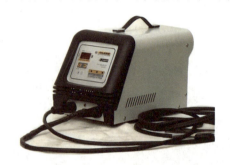

图 5-2-5　铝板整形机（介子机）

2. 专用的铝车身维修工具、强力铆钉枪

与传统事故车维修不同的是，维修铝车身大部分采用铆接的维修方法，这就必须使用强力铆钉枪。

图 5-2-6　铝修复工作站

3. 防爆集尘吸尘系统

在打磨铝车身过程中,会产生很多铝粉。铝粉不但对人体有害,而且易燃易爆,所以要使用防爆炸的集尘吸尘系统及时吸收铝粉。

4. 独立的维修空间

由于铝车身修复工艺要求严格,为保证汽车维修质量和维修操作安全,避免铝粉对车间的污染和爆炸事故,要设立独立的铝车身维修工位。

图 5-2-7　铝维修车间

四、修复铝制板件有哪些注意事项?

铝合金板材的局部拉伸性不好,容易产生裂纹。例如发动机罩内板因为其形状比较复杂,在车身制造时为了提高其拉延变形性能采用高强度铝合金,即使如此,延伸率也不会超过30%,所以在维修时要尽可能地保证形状不突变,以避免产生裂纹。

铝板件的尺寸精度不容易掌握,回弹难以控制,在维修时要尽可能采用定位固定和加热释放应力等方法使其稳固,以免产生回弹等二次变形。因为铝比钢软,在维修中要注意预防碰撞和各种粉尘附着等原因造成零件表面产生碰伤、划伤等,保证板件的完好。

> **讨论**
>
> 铝板件维修和钢板件维修有哪些区别?

铝制前舱盖的凹陷修复

一、损伤评估

利用目测法、触摸法、测量法对铝制前舱盖的损伤情况进行判定。

1. 出现孔洞可进行更换。

2. 出现裂纹可进行更换。

3. 板件存在龟裂现象需要更换。

练一练

铝制前舱盖的
更换。

4. 单块板件累计 2 处以上损伤或单块损伤面积达到 A4 纸面积大
小需要更换此配件。

> **注意事项**
>
> 检查损伤区域内是否有褶皱变形、龟裂、孔洞等，如超
> 过修复范围或修复后不能达到设计要求的需更换此配件。

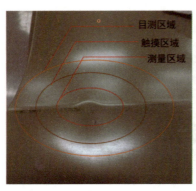

图 5-2-8　损伤评估

二、损伤区域打磨

标记损伤区域打磨范围，使用 120 目以上砂纸或尼龙打磨片研磨
损伤部位。

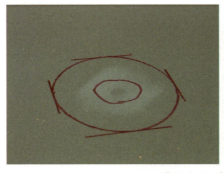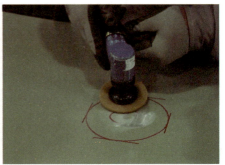

图 5-2-9　打磨损伤区域

> **注意事项**
>
> 1. 打磨后需要用清洁剂清洁铝板表面，打磨的铝粉
> 尘用专用防爆吸尘器清除。
> 2. 个人需要穿戴好安全防护用品。

三、铝整形修复机参数调试与焊接检查

1. 调节铝整形修复机的焊接电流至合适挡位。
2. 安装铝植钉至焊枪并在铝试焊板上进行焊接检查。

图 5-2-10　安装铝植钉测试

> **注意事项**
>
> 　　正确调整铝植钉的焊接电流十分重要。如焊接电流过小，会出现焊接不牢固，增加同一位置反复植钉会造成板件出现穿孔；如焊接电流过大，则有可能直接焊穿板件。

四、损伤部位铝植钉焊接与拉拔臂的安装

1. 焊接铝植钉至损伤部位

将铝植钉对准损伤凹陷部位的中心处，焊接铝植钉。

想一想

当铝植钉无法牢固地焊接在损伤处时，是什么原因导致的？

> **注意事项**
>
> 　　安装铝植钉时，仔细检查尖端的凸起是否完好，如果凸起磨损会导致电阻变小，影响焊接强度。禁止使用手锤敲击植钉。

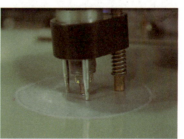

图 5-2-11　安装铝植钉并拉拔

2. 安装铝植钉拉环

将铝植钉拉环正确旋入，并调整拉拔臂。

> **注意事项**
>
> 　　拉环旋入时不可歪斜，否则在拉拔时易导致铝植钉脱落。

图 5-2-12　安装铝植钉拉环

五、损伤部位加热修复

使用热风枪加热损伤部位，并用红外测温仪监控加热部位的温度，对凹陷部位进行修复。

> **注意事项**
>
> 当加热的温度达到 180~220 ℃之间时，可以暂停加热，用铝钣金锤敲击凹陷部位周围的应力区，也可在敲击的同时用热风枪继续加热损伤部位，使应力充分释放，可根据维修情况再次调节拉拔力度，直至凹陷部位完全恢复。

图 5-2-13　加热损伤部位并修复

六、损伤部位修复后处理

1. 铝植钉去除和修整

确认面板恢复至原厂状态后，使用剪钳去除铝植钉，并用钣金锉刀对残余的植钉根部进行锉削，锉削时应沿着一个方向进行。

> **注意事项**
>
> 植钉去除时应用手遮挡，防止植钉飞出伤及眼睛。

2. 修复后打磨清洁

使用打磨机对修复部位进行打磨，并更换 80~120 目砂纸进行羽状边处理，打磨完成后使用专用清洁剂进行清洁。

想一想

修复时要佩戴哪些防护用品？

讨论

打磨后用吹尘枪降温冷却可以吗？

> **注意事项**
> 同一位置不能进行长时间高速研磨，否则会造成热传导集中使板件修复强度下降。

图 5-2-14 修复后处理

 **总结评价**

1. 依据世赛评分规则，完成个人或对其他成员的评价。

表 5-2-2 任务评价表

序号	评价项目	评分标准	分值	得分
1	工作安全	做好个人安全防护，工作帽、线手套、防护眼镜、口罩、耳塞穿戴规范，每项缺失、错误扣 0.5 分，扣完为止	2	
2	工具使用	介子机调试、红外线测温仪、不可背面敲击，每项错误扣 0.1 分，设备不会调试、背面敲击不得分	3	
3	清洁打磨	打磨除尘处理：未使用擦拭布扣 2 分，未使用吹尘枪清洁扣 3 分	5	
4	整形修复	种植介子：试焊、垂直焊接； 拉拔修复：热风枪加热、红外线测温、边敲边加热； 植钉去除：剪丝钳剪除、钣金锉锉平； 每项缺失、错误扣 2 分	20	
5	板件修复品质	板件崩弹、板件孔洞，不得分；拉拔疤痕、凹坑，每处扣 2 分	30	
6	板件恢复原始轮廓和形状	1 号卡板：超出公差 0.5 mm，高于原板面，不得分； 2 号卡板：超出公差 0.5 mm，高于原板面，不得分	20	

想一想

铝介子机和车身整形修复机有什么差别？

139

（续表）

序号	评价项目	评分标准	分值	得分
7	表面打磨抛光	板件高点不得直接打磨，操作错误每次扣2分，板件不得有破洞，破损每处扣2分，分值上限为6分； 维修后要打磨成光亮的裸金属，未打磨扣8分，打磨不彻底扣2分，分值上限为8分	14	
8	工作习惯	工作场地整齐、关闭焊接设备、完成后做好5S管理，每项缺失、错误扣1分，扣完为止	6	

2. 评分方法：借鉴世界技能大赛车身修理项目的评分方法，根据学生的数量和知识与技能水平，采用情景模拟的模式将学生分成若干小组（每组4~6人），并指定一名组长。各评分小组分别对本模块任务的操作进行过程性、结果性评分。各组将任务评价表由每一个参与评价的组员签字确认后提交给组长妥善保存。

拓展学习

铝合金轮毂钢圈表面的划痕修复（以某品牌车型为例）

一、铝合金轮毂钢圈的修复要求

不是所有的铝合金轮毂钢圈损伤都可以维修，由于钢圈是由铝合金铸造成型，只能维修铝合金表面的划伤，较大的损伤则需要更换。

1. 可以修复的情形

轮毂边缘损伤，底层损伤深度 ≤ 1 mm，与轮毂边缘的距离 ≤ 5 cm。

练一练

轮毂的拆卸。

图 5-2-15　可以修复

图 5-2-16　不可修复

2. 不可修复的情形

损伤在轮毂边缘和表面，底层损伤深度 > 1 mm，与轮毂边缘的距离 > 5 cm。

注意事项

　　不同的汽车制造商对铝合金轮毂表面的划痕修复均有不同的要求，应按照汽车制造商的维修手册要求进行维修。

想一想

使用铝合金轮毂有什么好处？

二、铝合金轮毂的修复流程

1. 清洁

用高压水枪清洁整个铝合金轮毂，用气枪吹干整个表面。

图 5-2-17　冲洗　　　　　　图 5-2-18　吹干

2. 打磨和清洁

使用 120 目砂纸对铝合金轮毂表面划痕部位进行打磨，打磨后使用专用的除油剂进行清洁，并晾干 5 分钟。

图 5-2-19　打磨　　　　　　图 5-2-20　清洁

讨论

120 目砂纸可以换成 80 目的吗？

3. 刮涂原子灰

按照维修手册要求，调配铝原子灰，5~7 分钟内将铝原子灰涂抹在受损区域。

注意事项

　　充分混合均匀，不可混合太干。

讨论

修复后的轮毂强度如何？

4. 干燥后的打磨与清洁

使用红外线烤灯对其进行 20 分钟的干燥处理，待铝原子灰干燥后，将其打磨平整，并清洁整个表面。

图 5-2-21　红外线烤灯烘干

图 5-2-22　烘干后打磨

练一练

轮毂的安装。

5. 喷涂与抛光

用胶带纸遮蔽不需要喷涂的表面，对整个轮毂喷涂色漆、清漆，在烤房烘烤 40 分钟，并进行抛光处理。

图 5-2-23　轮毂喷涂

图 5-2-24　抛光后效果

思考与练习

1. 铝车身板件出现大面积的凹陷，该如何修复？
2. 铝车身板件的收火有几种方法？都有什么要求？
3. 技能训练：独立完成铝制前舱盖的修复。

附录 《车身修理》职业能力结构

模块	任务	职业能力	主要知识
1.健康安全环境（HSE）防护	1.个人安全防护	1.能根据不同的工作任务穿戴相应的防护用品； 2.能按要求穿戴较为复杂的安全防护用品； 3.能在发现安全隐患后及时处理； 4.能选择适当的防护用品，提高工作效率	1.常见个人防护用品的名称与作用； 2.个人防护用品的穿戴顺序； 3.不同种类呼吸器的使用范围； 4.各种防护手套的特点与使用范围
	2.设备安全防护	1.能在作业前检查工具、设备，排除危险状况； 2.能对手动工具、电动工具、气动工具进行作业前的安全检查； 3.能对气体保护焊机进行使用前的安全检查； 4.能做好车身校正平台使用前的安全准备； 5.能在工作中按要求使用设备； 6.能在工作后完成设备的例行保养	1.作业前对手动工具、气动工具的检查要求； 2.气体保护焊焊接的工作参数设置要求； 3.车身校正平台的使用流程； 4.安全事故发生的原因； 5.气动工具的工作原理； 6.电动工具的特点
	3.工作环境安全防护	1.能遵循与汽车车身修复工作场所有关的安全法规与环境法规； 2.能检查出工作环境中的安全隐患； 3.能发现安全隐患并告知相关负责人； 4.能正确使用灭火用具； 5.能妥善处理工作中产生的废弃物	1.汽车维修工作相关的安全与环境法规； 2.场所供电、供气管路布局的安全要求； 3.各种安全标志的使用范围； 4.灭火器的工作原理； 5.压缩空气的使用要求； 6.危险化学品的处理要求
	4.应急救护	1.能判断危险事故的类型； 2.能根据危险事故类型选择急救方法； 3.能使用止血带和三角巾； 4.能进行简单的应急救护	1.车身修理过程中常见危险事故的发生原因及措施； 2.不同类型危险事故的急救方法； 3.常见急救用品的用途

（续表）

模块	任务	职业能力	主要知识
2.车身诊断与校正	1.前纵梁损伤诊断	1. 能安装辅助支撑系统以保证车辆安全； 2. 能正确测量受损车辆的基准点； 3. 能准确选用符合孔位的夹具，安装测量超声波探头； 4. 能查看相对应的原厂数据； 5. 能比较测量数据的偏差量	1. 车辆碰撞的形式； 2. FF 和 FR 车身的特点； 3. 测量机柜和测量滑尺的结构与特点； 4. 辅助支撑系统的安装流程； 5. 夹具固定螺栓和辅助支撑系统的安装扭矩； 6. 不同测量工具的使用范围和特点
	2.前纵梁损伤校正	1. 能正确判断损伤车辆需要更换还是修复； 2. 能进行车辆前梁部件碰撞损伤修复； 3. 能判断前梁部件碰撞时的直接受力点位置； 4. 能使用拉伸设备工具完成前梁部件碰撞的校正； 5. 能在事故车辆移动至校正平台的过程中保证车辆和人员安全	1. 整体式车身和分体式车身的特点； 2. 车辆校正的工作原理； 3. 车辆校正工具的使用要求； 4. 车辆损伤的方向和拉伸的方向； 5. 过度拉伸的量； 6. 应力去除的作用和方法
3.结构件更换	1.前纵梁的拆卸	1. 能够对右侧前纵梁进行切割拆卸； 2. 能够拆除翼子板裙板加强件； 3. 能够拆除带支架的板件； 4. 能够钻除前纵梁上的焊点； 5. 钻除焊点的过程中能够不破坏下部板件； 6. 切割板件的过程中能够不破坏底板； 7. 能够在前纵梁总成上分离下部支架； 8. 能够安装辅助支撑3号进行辅助支撑； 9. 能够用打磨机除去焊点残余； 10. 能够去除所有新件和车身上要焊接的凸缘、接缝区域的底漆	1. 车辆前部的结构特点； 2. 损伤件拆除的流程和方法； 3. 原厂车身板件的连接方式； 4. 电阻点焊连接方式的原理； 5. 气体保护焊连接方法与原理； 6. 车身旧件拆除工具的使用要求； 7. 车身旧件修整的要求

模块	任务	职业能力	主要知识
3. 结构件更换	2. 前纵梁新件的准备与安装	1. 能按要求完成新配件的切割与钻孔； 2. 能够通过电子测量系统标定新件的安装位置； 3. 能够在将要闭合的表面上涂底漆； 4. 能够对左侧梁和翼子板裙板进行安装； 5. 能够在翼子板裙板加强件上进行对接焊； 6. 能够正确安装测量桥和测量滑尺； 7. 能够拆除所有夹具（辅助支撑系统部件）	1. 零配件的查找方法和要求； 2. 通过车辆 VIN 码确定所需配件； 3. 前纵梁新件安装的流程； 4. 对接焊间隙大小的要求； 5. 打磨漆膜的作用； 6. 多层结构件的作用和特点； 7. 焊接支撑定位的方法
	3. 前纵梁的焊接与打磨	1. 能够对结构件对接焊区域进行打磨； 2. 能够对结构件填孔焊区域进行打磨； 3. 能够对结构件所打磨的区域打磨出羽状边； 4. 能够使用焊接设备完成结构件各部位的焊接； 5. 能够进行防腐处理； 6. 能够使用虚拟焊接进行焊接测试	1. 电阻点焊的焊接特点； 2. 气体保护焊的焊接特点； 3. 焊接的安全措施； 4. 焊接设备的使用方法和原理； 5. 结构件防腐的要求； 6. 锌粉底漆的作用； 7. 焊接时缝隙大小对焊接的影响
	4. 附件的安装与缝隙调整	1. 能够对车门进行安装； 2. 能够对发动机盖进行安装； 3. 能够对翼子板进行安装； 4. 能够正确调整发动机盖与翼子板的间隙； 5. 能够正确调整翼子板与车门的间隙； 6. 能使用电子测量系统完成新件更换后的尺寸测量	1. 车身前部附件的安装流程； 2. 车身前部附件的安装间隙； 3. 车辆前部附件的结构特点； 4. 车辆前部附件安装的扭矩要求； 5. 车辆前部附件安装的操作流程

模块	任务	职业能力	主要知识
4. 非结构件更换	1. 后侧围的拆卸	1. 能够对后侧围外板件进行切割分离； 2. 能够对后侧围与后轮轮罩加强件连接处进行除胶； 3. 能够对后侧围与后部结构件进行焊孔钻除； 4. 能够在拆卸后进行胶粘和点焊残余的处理； 5. 能够在拆除后对所有变形进行修整	1. 车身后部的结构和组成； 2. 结构件和非结构件更换原则的区别； 3. 拆卸后侧围时对于保护底部板件的要求； 4. 焊孔钻除时对于孔径的要求； 5. 板件除胶时的要求； 6. 后侧围相关板件的拆卸流程； 7. 焊点定位的目的和作用； 8. 加热除胶的工艺要求
	2. 后侧围的安装与焊接	1. 能够用大力钳对新件进行固定； 2. 能够正确安装后侧围； 3. 能够对后侧围后轮轮罩加强件连接处进行打胶； 4. 能够在所有的焊接区域涂装焊接底漆； 5. 能够对后侧围进行连续焊焊接； 6. 能够确保更换件的车身线校正到原车辆的相应部件位置； 7. 能够对后侧围及相邻板件进行缝隙调整	1. 后侧围新配件切割的工艺要求； 2. 电泳底漆层处理的工艺； 3. 新喷剂喷涂的方法； 4. 新件安装定位的方法； 5. 后侧围安装的操作流程； 6. 后侧围焊接时的工艺要求
5. 金属件整形修复	1. 后侧围的凹陷修复	1. 能够精确确定损伤的位置和面积； 2. 能够使用手锤与垫铁修复后侧围损伤； 3. 能够使用撬棒修复后侧围损伤； 4. 能够使用手动工具与车身整形机配合修复后侧围损伤； 5. 能够对所修复区域进行打磨	1. 钢制板件损伤的类型和特点； 2. 钢板加工硬化的作用； 3. 钢制面板修复工具的特点和使用范围； 4. 实敲和虚敲的特点； 5. 钢制面板修复的操作流程； 6. 车身整形修复机的使用方法
	2. 铝制前舱盖的修复	1. 能用手动工具对铝制舱盖进行修复； 2. 能用车身整形机对铝制舱盖进行修复； 3. 能调整电流并安装铝植钉； 4. 能使用相关设备对铝制板件进行加热； 5. 能完成铝制板件的打磨清洁	1. 铝制车身的结构特点； 2. 铝制板件的使用范围； 3. 铝制板件修复工具的使用方法； 4. 铝制板件温度控制的工艺要求； 5. 手动工具修复铝制舱盖的操作流程； 6. 安装铝介子片的操作步骤

编写说明

　　《车身修理》世赛项目转化教材是上海市杨浦职业技术学校联合本市相关职业院校、行业专家，按照上海市教委教学研究室世赛项目转化教材研究团队提出的总体编写理念、教材结构设计要求，共同完成编写的。本教材可作为职业院校车身修理相关专业的拓展和补充教材，建议在完成主要专业课程教学后，在专业综合实训或顶岗实践教学活动中使用，也可作为相关技能职业培训教材。

　　本书由上海市杨浦职业技术学校沈小毓担任主编，夸夫曼（上海）智能科技发展有限公司曾国祥、上海市杨浦职业技术学校马波担任副主编，负责教材内容设计和组织协调工作。教材具体编写分工：沈小毓编写模块一，马波编写模块二，上海汽车集团股份有限公司乘用车分公司杨山巍编写模块三，曾国祥编写模块四，上海市杨浦职业技术学校朱一迪编写模块五。全书由沈小毓负责统稿，世界技能大赛车身修理项目中国专家组组长叶建华审阅校对。

　　在编写过程中，得到上海市教委教研室谭移民老师的悉心指导，上海汽车集团股份有限公司和上海职业教育花文兵技能大师工作室的多位专家鼎力支持，夸夫曼（上海）智能科技发展有限公司总经理助理黄婷婷、技术顾问王鹏提供图片资料，以及上海市杨浦职业技术学校丁志朋全程出镜拍摄，在此一并表示衷心感谢。

　　欢迎广大师生、读者提出宝贵意见和建议。

图书在版编目（CIP）数据

车身修理 / 沈小毓主编. — 上海：上海教育出版社，
2022.8
ISBN 978-7-5720-1642-4

Ⅰ.①车… Ⅱ.①沈… Ⅲ.①车体 – 车辆修理 – 中等
专业学校 – 教材 Ⅳ.①U469.110.7

中国版本图书馆CIP数据核字(2022)第155156号

责任编辑　汪海清
书籍设计　王　捷

车身修理
沈小毓　主编

出版发行　上海教育出版社有限公司
官　　网　www.seph.com.cn
地　　址　上海市闵行区号景路159弄C座
邮　　编　201101
印　　刷　上海普顺印刷包装有限公司
开　　本　787 × 1092　1/16　印张 10
字　　数　219 千字
版　　次　2022年8月第1版
印　　次　2022年8月第1次印刷
书　　号　ISBN 978-7-5720-1642-4/G·1516
定　　价　42.00 元

如发现质量问题，读者可向本社调换　电话：021-64373213